表达极简

一句顶一万句

韦甜甜 著

台海出版社

图书在版编目(CIP)数据

表达极简：一句顶一万句 / 韦甜甜著. —北京:台海出版社,2016.9

ISBN 978-7-5168-0865-8

Ⅰ.①表… Ⅱ.①韦… Ⅲ.①心理交往-通俗读物 Ⅳ.①C912.11-49

中国版本图书馆 CIP 数据核字 (2016) 第 227837 号

表达极简：一句顶一万句

著　　者:韦甜甜

责任编辑:刘　峰
装帧设计:马小马　　　　　　版式设计:通联图文
责任校对:靳卫星　　　　　　责任印制:蔡　旭

出版发行:台海出版社
地　址:北京市朝阳区劲松南路 1 号　　邮政编码:100021
电　话:010-64041652(发行,邮购)
传　真:010-84045799(总编室)
网　址:www.taimeng.org.cn/thcbs/default.htm
E-mail:thcbs@126.com

经　销:全国各地新华书店
印　刷:北京鑫瑞兴印刷有限公司
本书如有破损、缺页、装订错误,请与本社联系调换

开　本:880mm×1230 mm　　　　1/32
字　数:190 千字　　　　　　　印　张:9.5
版　次:2016 年 10 月第 1 版　　印　次:2016 年 10 月第 1 次印刷
书　号:ISBN 978-7-5168-0865-8

定　价:36.00 元

前 言 Preface

● ● ● ● ● ● ● ● ● ●

　　2016年,人民日报推出——"极简主义生活方式"。定义为:对自身的再认识,对自由的再定义。

　　"深入分析自己,首先了解什么对自己最重要,然后用有限的时间和精力,专注地去追求,从而获得最大幸福。放弃不能带来效用的物品,控制徒增烦恼的精神活动,简单生活,从而获得最大的精神自由。"

　　极简生活,有很大一部分由"表达极简"构成。我们每个人每一天,都离不开表达——说话、写东西、要尽可能简单、直接、清楚。

1

　　无论是在生活还是工作中,我们都要注意自己的说话内容、说话方式。不懂得驾驭自己的语言,信口胡来、口无遮拦,自以为洋洋洒洒。其实在不经意间,这些语言中透露出的情绪,就会令自己的风度尽失。

个人涵养和说话水平与"水涨船高"一样紧密相联,当你的自身素质提高时,说话水平也会见长;同样的道理,如果你话说得漂亮,那么你良好的个人修养也由此可见一斑。说话悦耳一些、谦虚一些、婉转一些,才能让人看出你是个有修养、有涵养的人。"说理切、择辞精、喻世明"——我们不能确保每一句话都说得很深刻,但至少应该让每一句话都说得妥当。

2

从某种意义上说,说话高手一定是一个做人高手,一个人如果不改变视说话为"奇淫技巧"的态度,那么就无法提高自己做人做事的层次。

我们一定要注意加强自己的语言修养,以提高个人的整体素质。在说话时,多使用敬语;多说有用、谦虚的话,切忌高谈虚吹、大话连篇。

比如你一拍马屁所有人都坐立不安,那不如不拍。

比如你自以为幽默地说了个笑话,却不知道朋友们都在勉强陪着你干笑,也是够累的。

比如你自以为"我懂你的委屈",却不知道天下根本没有感同身受这回事,你不如静静地听。

......

简洁能使人愉快,使人欢喜,使人易于接受,所以,我们"在开口之前,应先让舌头在嘴里转三个圈"。把多余的废话"转掉"。

3

除了口头表达外,书面表达、职场沟通也很重要,很多管理者也普遍面临着这样一个问题:面对自己的团队,总无法指挥、协调好每一位下属的工作。

比如管理者绝大多数都患有会议依赖症,虽然他们不愿意承认这一点,但实际上他们很享受在台上夸夸其谈的感觉,很享受发号施令的感觉。为什么绝大多数管理者都不愿意问一问员工:"你喜欢开会吗?"

比如你的电子邮件堆积如山,你忙着和同事插科打诨,对上司品头论足,对工作抱怨吐槽,同时还要刷朋友圈,给这个点赞给那个评论……你有没有想过你每天所做的事情,究竟有多么大的意义?

另外,在家庭中,夫妻、父母和子女之间,简明扼要的表达也是构建和谐家庭关系的要素。作为一个聪明女人,你一定要停止对男人的抱怨和唠叨,而应给他一些鼓励和理解;作为一个智慧妈妈,你更应该想到,面对你的喋喋不休,你的孩子可能在心里或背着你大喊:"烦死了!""烦透了!"只是你没听到罢了!

……

有人说过这样一句话:"眼睛可以容纳一个美丽的世界,而嘴巴则能描绘出一个精彩的世界。"

会表达的人,懂得用最准确、最简单的词汇表达自己的想法;用最委婉的言辞软化对方强硬的态度。他们的语言有逆转风云的力量,有感化人心的魅力。

目　录 Contents

● ● ● ● ● ● ● ● ● ● ● ●

第三章　雷人的话儿,说多了都是泪　　50

　　说者无心,听者有意,说话者的语言稍有不慎,就会让对方感到不愉快。"说错话"就是最容易破坏这个世界的力量。

你应该反思一下,你每天努力的事情究竟有多么大的意义?一次只专注做一件事,尽可能不做Multi-task。

女人来自金星,男人来自火星,如果两个星球的人不能互相理解,有时候,女人的沉默是最完美的表达。

也许面对你的喋喋不休,你的孩子在心里或背着
你大喊"烦死了!""烦透了!"只是你没听到罢了!

第一章

走心的话儿，一句就够了

古人云："山不在高，有仙则名；水不在深，有龙则灵。"说话也是如此，话不在多，点到就行，走心就行！

● ● ● ● ● ●

1.滚开，我有老婆

有位名人说过这样一句话："人的心灵是世界上最复杂的东西，而语言是唯一可以征服世人心灵的力量。"这句话看似夸张，实则不然。语言的确有震慑人心的力量，甚至有改变人心的力量。

一个男子早上醒来头痛得厉害，渐渐想起昨晚自己又喝醉了酒。不过，他感觉今天有些异常，屋里并没有一团糟，也没有妻子对自己醉酒行为的牢骚。房间里一片整洁，桌上放着一杯蜂蜜水，杯子旁边还有一张纸条，上面写着："亲爱的，厨房里有为你准备好的早点，沙发上有你今天要穿的衣服。记得喝蜂蜜水呦！爱你的老婆。"

男子有点摸不着头脑，便问孩子是怎么回事。孩子回答道："我也不知道啊，你昨天喝得醉醺醺地回来，妈妈还是边骂边给你脱衣服。"

"那就奇怪了，昨天有什么人来过吗？"

"没有啊。不过，妈妈只骂了一会儿就不骂了。"

"你知道为什么吗？"

"我也不太清楚，但是妈妈在给你脱鞋子的时候，你喊了一句'滚开，我有老婆'，妈妈突然就不骂了。"

男子这才明白，原来是自己的那句话起到了"力挽狂澜"的作用。在自己坚守"大原则"的前提下，喝醉酒这种行为就变成了一个"小错误"，使得妻子很快原谅了自己。想到这里，他很庆幸自己在无意之中说了那样一句真心话，这不仅改变了一个很可能十分糟糕的夜晚，还让妻子了解到了自己对她的忠贞，加深了彼此的感情。

很多时候，我们的情绪被周边环境所影响，使我们呈现出很糟糕的状态，但往往因人的一句话，就能让我们的情绪来个一百八十度的大转弯，状态变得完全不同。

语言能震撼人心，还表现在它有一种消泯仇恨的能力。人与人之间的摩擦、矛盾、仇恨，有时都能够通过一两句话来化解。正所谓"冰释前嫌"，有时往往只需只言片语，便能让仇恨的大山轰然倒塌。

这个故事是第二次世界大战中的一个小插曲，发生在1944年平安夜。一个母亲和她的孩子正准备吃晚餐，突然门外传来一阵急促的敲门声。母亲打开门，见外面有五个英国军人，其中一个受伤了，躺在担架上。母亲让他们赶紧进来，并将伤员安置好。不一会儿，门外又传来一阵急促的敲门声，这位母亲开门一看，竟是几个年轻的德国军人。母亲犹豫了一会儿，还是让他们进了屋。

接着，母亲对英国军人和德国军人说道："今晚你们都是我的儿子，请放下武器，把战争那回事都忘掉，让我们安静地过一个平安夜！"

德国军人和英国军人思索良久，终于全都放下了武器。母亲这才放下心，到厨房去端烤鸡。当出来时，母亲看到了令她欣慰的一幕：德国军人正为英国军人清洗伤口。这一夜，他们谁也没有提起战争，也没有发生任何争执，他们平安过完了圣诞节。

这位母亲能够用一句话就让对阵的士兵将民族仇恨暂时放下，除了因其内心的善良、包容以及伟大之外，还因其语言的震慑力。

那句化腐朽为神奇的话，不仅是那位母亲的福气，使她自己和孩子免于性命之危；更是德国军人和英国军人的福气——在远离家乡、命悬一线的战争之中，他们能够享受这样一个美好的夜晚。

2.出租司机的三个原则

语言是思维的载体，人的一言一语，能展示其内心所想、文化水平乃至价值观念。除此之外，个人的专业技能如何，也能在言谈之间表露出来。

某大型企业的老总为自己招聘私人司机，很多人前来面试。经过层层的考验，只有两名司机被留了下来。最后一轮的面试题很简单，就是让两人各自叙述对司机这个职位的看法。第一个司机说："我这个人开车，领导大可以放心，我一定会把车收拾得里外都干净利索，一定会遵守交通规则，一定会保证领导的安全，另外还会尽量做到省油……"老总听了一半，就打断了他，叫第二个司机进来。第二个司机想了一会儿，开口说道："我开车只有三个原则——第一，听得，说不得；第二，吃得，喝不得；第三，开得，使不得。"老总一听，立刻拍板，决定聘请第二位司机。

第二位司机的回答虽然很简单，但却说出了一个模范私人司机的标准，体现了其高度的专业性，所以得到了这位老总的欣赏。可见，一个人的谈吐，足以体现其知识水平、涵养和专业技能等的高低。由此也可以说，语言就是表达一个人综合素质的一种方式，通过听某人说话，就能大概推测出这个人的素养有多高。

徐薇薇初中没毕业就辍学了，之后一直靠在饭店、酒店、网吧等场所做服务员谋生。一个偶然的机会，徐薇薇和一个叫刘涛的男孩恋爱了。

几个月之后，刘涛将徐薇薇带到家里吃饭，把她正式介绍给父母。吃饭的时候，电视里播报了一条这样的新闻：一名女子为了挣钱，两年内和十一个男子"订婚"，拿到彩礼后就人间蒸发了。看到这里，刘涛的父母笑了笑，正要发表看法，徐薇薇突然开口道："切，这种事早就见怪不怪了。我觉得这新闻真是有点小题大做，这也是一种凭个人智慧挣钱的方式，不至于如此批判吧？"刘涛的父母面面相觑，都埋头吃饭不再说话了。

当天，徐薇薇刚从刘涛家里离开，刘涛的父母就要求他立刻和徐薇薇分手。尽管刘涛一再解释，徐薇薇是因为多年在社会上谋生存，早就见过类似的事情，已经觉得不是什么大事才会发表这样的言论，但他父母始终只有一句话："没有高学历我们可以考虑，但绝对不能接受没有涵养、价值观有问题的儿媳妇。"从刘涛父母的角度来说，他们有这样的反应是非常正常的。试想，无论出于什么原因，如果一个女孩能够对"借订婚骗取钱财"的事情表示理解，哪个父母不会怀疑自己儿子的女朋友是不是也抱有这样的目的呢？对于持有这种价值观的女孩，想必换作任何一对父母都是不能接受的。

无论是在生活还是工作中，我们都要注意自己的说话内容、说话方式。个人涵养和说话水平紧密相连，当你的自身素质提高时，说话水平也会见长；同样的道理，如果你话说得漂亮，那么你良好的个人修养也由此可见一斑。

3.不知道为什么，我对您有点害怕

一般人在碰到陌生人时，起初大都会感到不自然，不知道如何融洽交谈。这个时候，如果能找到一些话题来打破僵局，缓和气氛，就能使交谈双方轻松自如，从而进入融洽的谈话气氛中。

掌握不了说话的技巧，就无法在社交场合与人交谈自如。在现实生活中，学会说让别人爱听的话是至关重要的，是任何一个人都不可以忽视的问题。因为你可能在晚宴中觉得自己因为害羞而格格不入；或是刚好相反，你认为许多人讨厌这种聚会，但是自己很喜欢。无论如何，都应该将你的感受向第一个似乎愿意听的人说出来，这个人可能就是你的知音。坦白地说出"我在这里一个人也不认识"或"我不知道该讲些什么"，总比让自己显得拘谨冷漠好得多——最健谈的人都是勇于坦白的人。

在一次晚宴上，谢然经朋友介绍跟一个电脑专家相识了，谢然也算是某公司的知名人物，通常对这类访问都应付自如，但当他发现自己这次不知如何开口，为此结结巴巴时，简直大吃一惊。最后谢然说："不知为什么我对您有点害怕。"电脑专家听完哈哈大笑，随后两人很自然地谈了起来。

人们往往千方百计地想使别人注意自己，但大部分的"成绩"都令人失望，因为他不会关心你、我，他只会关心自己。因此，以对方作为谈话的开端，往往能令他人产生好感。赞美陌生人一句"你的衣服颜色搭配得真好"，"你的发型很新潮"，能使他快乐，从而缓和彼此的生疏。也许，我们大多数人都没有说这话的勇气，不过我们可以说："您看的那本书正是我最喜欢的。"或是"我看见您走过那家便利店，我想……"

张鑫生性腼腆、木讷，很少出声，永远引不起大家的注意。所以，尽管她工作勤勤恳恳，可在公司里总是不出挑，几年如一日地呆在当初的位置上。

有一次，老板请客户吃饭，带张鑫一起去，他们提前到了某个餐厅等客人。坐下后，两人寒暄了几个问题就陷入了沉默。张鑫感到，这种大眼瞪小眼的气氛简直让人窒息，一定得说点什么打破僵局。可是她从来不和领导打交道，实在不知道从何谈起。

突然，张鑫瞥见老板脚上穿着一双锃亮的皮鞋，非常显眼，于是就说："老板，你这双鞋子很有品位，在哪里买的？"

原本只是没话找话，但老板一听，顿时眼睛放光。"这双鞋啊，我在香港买的，世界名牌呢！"老板的话匣子一下子打开了，开始滔滔不绝地讲述职场人在服装搭配上要注意什么，还善意地指出张鑫平时在工作中着装的不足，两人言谈甚欢。

直到客人来的前几分钟，老板还意味深长地说："张鑫啊，看来以前对你的了解太少了，今后你好好干。"

在西方国家，口才被视为衡量人才的客观尺度。要提升、任命一个人，首先要考察的就是其口才如何。在美国，受过高等教育而缺乏口才会被认为是一种缺陷。由此可见，口才堪称生存和竞争的一大战略武器。那么，掌握好这个战略武器的人自然就威力无穷，能不说是人才吗？

4.我是和你持有相同意见的同伴

诚实是把真正的想法说出来。

我们没必要为了迎合对方，而刻意地隐瞒自己真实的想法。可以用委婉的态度和语气，先表示对方的意见没有错，一般人在听见别人对自己的意见表示认同时，都会放下心里的防备，认为你可能是持有相同意见的同伴，这时候再说出你真正的想法，就更容易被接纳。

某家具店内有位顾客正为买哪张桌子而举棋不定时，如果老板对他说："圆桌有圆桌的好处，而方桌也有它方便的地方。"那么这笔生意就绝对做不成。

要成功卖出桌子应该这样说：

"像先生您这样的人，我认为方的比较合适，因为方的与您的个性颇能匹配，若是您买下还可做个永久的纪念。"

这种说法等于是给了顾客一个建议。顾客听了很可能从迷惑中解脱出来，最后买下它。

现在我们再举个刑警的经验之谈。他让嫌疑犯认罪的秘诀是对他们说：

"我相信你一定会承认，以往遇到我的嫌疑犯没有一个不招供的，我认为你也不会例外。"

若是嫌疑犯真的犯了罪，一定会开始犹豫是承认好还是不承认好。此时的刑警则更要不断地反复且巧妙地运用这种说服方式对嫌犯施加压力。

这种说服方式使得举棋不定的嫌疑犯，内心会产生一种自己心思早被看穿，实在无法隐瞒的心理压力，而且当对方又断言"你的答案只有一个"时，不稳定的心理必定会崩溃，最后如实招供。

对于能力较差或新进的员工，如果光是对他说"再加油吧"、"再用点头脑吧"是没多大效用的，虽然这类忠告偶尔是必要的，但在工作进行中，若经常提出来，反而会使人感到厌烦，此时员工们最迫切需要的并非责备或激励之类的话，而是工作的具体指导。

如果身为主管的你一再好声好气地指正并指导下属工作的方法却不被接受，这时就要换另一种方法。

最好是装出一副很吝惜的样子明白地告诉他，你是不轻易传授别人秘诀的，而且说过之后便不再重复，一次两次之后，当他试着照着你教他的方法去做而且有改善时，对方就会产生"这句话非听不可"的意识，则你的忠言必能顺利地让对方接纳。此时，他不但不会觉得你啰嗦，还会自动地接受你的建议。

《淮南子·人间训》中记载了这样一段故事：

鲁哀公想在官殿西侧进行扩建，史官强烈地反对，说："在西侧扩建官殿是一件极不吉利的事。"

哀公十分生气，不听任何亲信的劝言。他问宰折睢说："我打算扩建宫殿，史官们硬说不吉利，你的看法如何？"

宰折睢回答说："天下之大，只有三件不祥之事，官殿西侧的扩建工程，与这无关。"

哀公大喜，他接着又问道："三件不祥之事指的是什么？"

宰折睢回答说："不行礼仪，这是第一个不祥；奢欲无限，这是第二个不祥；强谏仍不听，这是第三个不祥。"

哀公默然沉思了好一会儿，心平气和地自我反省一番之后，自己认为做法欠妥，于是下令停止扩建工程。

宰折睢可谓深明进谏之道。他不直接谈扩建工程之事，而是谈天下之三大不祥事，而这三大不祥事每一件都与哀公扩建工程相关。宰折睢心平气和地说，哀公心情舒坦地听，所达到的效果比强谏哀公、强迫他改变主意的做法强十倍、百倍。

对于自以为是、自认多能的人，不可贸然泼冷水，让他产生挫折感；对于刚愎自用的人，千万不可当众挑其毛病，让他恼羞成怒；对于自以为足智多谋的人，则不可揭他的短处，让他难堪。

说服人要心平气和、不能感情用事。既要使对方愿意采纳你的意见，又不给周围的人留下是由于自己的极力说服才勉强被采纳的印象。有话好好说，这样，才能先使对方不致对自己产生排斥感，言辞也不致被对方误会，然后再尽情发挥自己的才能与辩说能力。这样一来，不仅使对方心平气和地接纳自己的意见，自己也可以达到真正的目的。

5.这不是"我"的，而是"我们"的事

说话时，常用"我"开头表达自己观点的人，敌人只会愈来愈多；而常用"我们"的人，敌人也会变成朋友。

从心理学角度来说，"我们"、"大家"这类具有共同意识的

字眼,容易让对方产生错觉,搞不清你的立场为何,总以为你和他是一方的;这时候,对方要攻击你时,就会投鼠忌器或无法全力以赴,而这正是你想要的结果。

在这种情形之下,对方的反击最没有杀伤力,而且他的心防也很容易被你一攻而破,接着你再用"攻心"策略,趁他撤掉心防时,直捣黄龙,相信会有所收获。

自古就有许多政治人物或领导者,都利用这种"我们"策略来笼络人心、化敌为友,当他举起手中的刀枪或拳头时,成千上万的听众也会同样地举起拳头高喊他的名字。

第二次世界大战时,德国的希特勒、意大利的墨索里尼这些人物,在台上一呼百应,就是运用这种策略,煽动起群众热情的火焰。

为什么他们能够靠着演说,将听众紧密地联系在一起呢?

秘诀就在于其所运用的语言策略和肢体语言让广大的群众认同他并产生共同意识。演说中,他们总会一直使用"我们"、"我们大家"等字眼来笼络人心,使听众产生"命运共同体"的感觉。这样的演说策略,会使许多人认为这是攸关大众利害的事情,并非只是为了个人的利益。

在人际交往中,"我"字讲得太多并过分强调,会给人突出自我、标榜自我的印象,这会在对方与你之间筑起一道防线,形成障碍,影响别人对你的认同。

因此,关注攻心的人,在语言交流中,总会避开"我"字,而用"我们"开头。

每个人的内心或多或少都存有潜在的"自我意识",谁也不愿意被别人左右。如果他认为你是在说服他，那么他的反抗意识就会更加激烈，而不愿意接受你的看法，即使你说得天花乱坠、头头是道，在他眼中也不过是为谋取私利而进行的伪装表演。

经常使用"大家"、"我们"等这类字眼，会使人感觉到大家均是同路人，是生命共同体，于是对方原本顽固的心理防卫会不攻自破，并在不知不觉中认同你的观点。自我意识愈强的人，越容易被对方这种"我们"说话策略所催眠。

同样的道理，男女交往时，更要经常用"我们两人"来开头说话，这才会让对方产生亲密感。

人们最感兴趣的就是谈论自己的事情，而对于那些与自己毫无相关的事情，大多数人觉得索然无味，对于你表现最大兴趣的事情，常常不仅很难引起别人的同情，而且别人还觉得好笑。

年轻的母亲会热情地对人说："我们的宝宝会叫'妈妈'了。"她这时的心情是高兴的，可是旁人听了会和她一样地高兴吗？不一定。谁家的孩子不会叫妈妈呢？你可不要为此而大惊小怪！这是正常的事情，如果不会叫妈妈的孩子才是怪事呢。所以，你看来是充满了喜悦，别人不一定有同感，这是人之常情。

竭力忘记你自己，不要总是谈你个人的事情，你的孩子，你的生活。人人喜欢的是自己最熟知的事情，那么，在交际上你就可以明白别人的弱点，而尽量去引导别人说他自己的事情，这是使对方高兴最好的方法。你以充满同情和热诚的心去听他叙述,你一定会给对方以最佳的印象,并且对方会热情欢迎你,热情接待你。

6.多加个"请"字,你绝对不吃亏

俗话说:"会说话的人说得人笑,不会说话的人说得人跳。"事实上也是如此。人人都喜欢被人尊重,人人都希望自己是别人的老师。那么在社交场上,在双方交流的时候,不妨用请教的态度和人说话,这无疑会增加对方对你的好感。

一个年轻人刚进公司,看到同事们做的工作都很简单,于是他扬言说:"就这些东西,别人能做的我都能做。"结果在他遇到问题的时候没有一个人搭理他,也没有人愿意跟他合作。幸好,一个老师傅看着他是个年轻人,口出狂言可能是和他的阅历有关,于是心存怜悯,就去帮了他,也使他得以在公司继续留用。

请教,首先是尊重别人,然后才是得到别人的帮助。这在对方来说,有一种优越感和被尊重感,即使是对你有敌意的人,只要你用请教的姿态,他也会放下敌对情绪来帮助你。请教,不仅是一个学习的过程,其实,更是一种社交的能力。

一个人，要想在社交方面有所建树，那么就该努力地把握好社交的技巧。

很多人都有这样的体会：在学校里，当低年级的同学向你请教的时候，无论你是多么的忙，或是自己根本不知道如何作答，你都会很耐心，甚至不懂装懂地去应对，内心还常带一丝骄傲。当你帮助别人解决了某个问题的时候，你会从中得到很大的快乐。因为别人向你请教，说明你在某方面具有优势，你受到了别人的重视，你比别人强！

的确如此。不妨你把平时与人说话的态度改变一下，试试会带来怎样的效果。

如果你要说的话是："你告诉我这到底怎么处理好？""帮我一个忙吧！"你试着改成："你可以帮我一个忙吗？""有个问题，我想请教你一下……""请教你一个问题可以吗？"

可以斟酌一下两种态度将要产生的不同效果。前者虽然说起来很随意，但说得不好，就会形成一种命令式的口吻；而后者就谦虚多了，先把自己放在一个较低的位置，然后向对方请教。而且当你说"有个问题，我想请教你一下……""有个忙，不知道你能不能帮帮我"的时候，还有一个特别的好处，就是能勾起对方的好奇心，他会想知道"这究竟是个什么问题呢"。同样的问题，只要你改变一种方式和态度，就让人听着舒服多了。这就是中国语言的魅力。因此，在社交活动中，你可以把一句话变着法儿说，最后接受到的回馈就会不同。

请教是表示虚心，表示谦逊，同时也是表示尊重对方的意思。孔子云："三人行，必有我师焉。"在孔子的眼中，且可以"有世人皆有我所取之物"，何况我们。

当然，在具体请教的时候，还有些要注意的方面。首先，态度要诚恳，你既然是把对方当作"老师"、"专家"，那么就要从心理上表示这样的态度，不要一面说着请教对方，一面又不把对方当一回事。其次，请教别人之前，最好自己先动脑筋想一想，不要提起问题时不假思索，马上就问。当你自己对问题有了一点了解后，别人再讲，你容易接受；而且，如果你事先已想过如何去解决，别人就会觉得你认真，而愿意帮你。

无论你面对的是怎样的人，哪怕他平时什么都不是，你这样一请教，无意中也会激发起他的自信心和满足感，每个人都有想要表现自己的欲望，你正好满足了他这样的一个愿望，因此，在你请教的同时，不但不会使他感到麻烦，更能博取他的欢心。

当然，社交场所如此，家庭也是如此，一个智慧的人，既能在社交中深得别人的敬重，也能很好地维持一个幸福家庭。你只要在这些方面下点功夫，也可以自如地游走在社会和家庭之间。

7.开口之前，让舌头在嘴里转三个圈

在生活中我们经常看到，有的人喋喋不休、滔滔不绝地高谈阔论，却词不达意，语无伦次，让人听而生厌；还有的人喜欢夸大其词，侃侃而谈，说话不留余地，没有分寸。言多必失，我们不妨"在开口之前，先让舌头在嘴里转三个圈"。把多余的废话"转掉"，准备一些简单明了的话，一开口就往点子上说，千万不要东拉西扯，不知所云。

据史书上记载，子禽问自己的老师墨子："老师，一个人说多了话有没有好处？"墨子回答说："话说多了有什么好处呢？比如池塘里的青蛙整天整天地叫，弄得口干舌燥，却从来没有人注意它。但是雄鸡，只在天亮时叫两三声，大家听到鸡啼知道天就要亮了，于是都注意它，所以话要说在有用的地方。"

墨子的话和古语"言不在多，达意则灵"一样，说的都是讲话要少而精的道理。我们要追求的是用最凝练的话语来表达尽可能丰富的意思。

从前有个客商新开一家酒店，为了招揽顾客，特备厚礼请几个秀才为他写一块招牌。甲秀才大笔一挥写下了"此处有好酒出售"七个大字。众秀才议论纷纷，乙秀才说："'此处'二字太啰嗦。"丙秀才说："'有'字也属多余。"丁秀才认为酒好酒坏顾客自有评价，"好"字应当删去。这时甲秀才带着几分怒气认真地说："如此说来还是干脆只留个'酒'字算了。"没想到，众秀才频频点头赞许，大家也欣然接受。

其实说话也如此，有时需要简练，惜言如金，有时需要详述，用语如泼。说话是否精彩不在于长短，而在于是否抓住了关键，是否说到了点子上，是否能打动听众。听众最喜欢的是有啥说啥，直来直去。对于那些空话套话，他们不但不愿听，甚至觉得是受精神折磨，是浪费时间。

有一回，凤姐让小丫头小红给平儿传话。小红从平儿处回来时，她把四五件事压缩在一小段话中回禀凤姐："我们奶奶问这里奶奶好。我们二爷没在家。虽然迟了两天，只管请奶奶放心。等五奶奶好些，我们奶奶还会让五奶奶来瞧奶奶呢。五奶奶前儿打发了人来说舅奶奶带了信来了，问奶奶好……"

局外人李纨听了自然不懂，追问是什么意思。凤姐却赞赏道："这是四五门子的话呢。"她表扬小红能把"四五门子的话"用几句话表达出来。于是凤姐当即决定，把小红要到自己这里。也可以说，小红简洁、准确的表述，赢得了凤姐的信任。

简洁能使人愉快，使人喜欢，使人易于接受。说话冗长累赘，会使人茫然，使人厌烦，说话者也达不到自己的目的。简洁明了的清晰表述，一定会使你事半功倍。凤姐赞赏小红说话简洁、明确的同时，也指出了话语冗繁往往意味着办事拖泥带水。人们交流思想、介绍情况、陈述观点的时候，为了能够使对方更快地了解自己的说话意图，领会要领，往往是用高度凝练的语言。

那我们应该怎样才能够做到言简意赅呢？要做到以下几点：

第一，重要的是要培养自己分析问题的能力。要学会透过事物的表面现象，把握事物的本质特征，并善于综合概括。

在这个基础上形成的交流语言,才能准确、精辟,有力度,有魅力。

第二,尽可能多地掌握一些词汇。福楼拜曾告诫人们:"任何事物都只有一个名词来称呼,只有一个动词标志它的动作,只有一个形容词来形容它。如果讲话者词汇贫乏,说话时即使搜肠刮肚,也绝不会有精彩的谈吐。"

第三,"删繁就简"也是培养说话简洁明快的一种有效方法。说话要简练,最好把复杂的话能够简单地说出来,这样才会明白易懂,使大家都爱听。

8.话不在多,点到就行,时机对就行

掌握好说话的时机,是每一个人必修的一门课程,因为如果你说的不是时候,即便你的话再好,再动听,不仅起不到好的作用,相反,还会带来反面的效果,那么就是赔了夫人又折兵,实在是很不划算。因此,要学会根据对方的性格、心理、身份以及当时的氛围等一切条件,考虑自己说话的内容。

我们经常能看到这样一幕:

一个人在那里口若悬河地讲,可是对方却是眉头紧蹙,根本就对这个人说的话题不感兴趣,即便对方一直在夸奖他,到最后,无奈之下,也会找个借口偷偷地溜掉。这就是一个时机

问题了,不管一个人说话的内容有多么精彩,如果时机掌握不好,就无法达到有效说话的目的。因为作为一个听者,他的内心往往会随着时间的变化而变化, 他们并不是在所有的时候都喜欢听同一个话题,或者是说在很多时候,他需要其他的话题甚至需要沉默来调配自己的生活,这样才能有声有色。

有这样一则寓言故事就是一个很好的例子:

一头驴,平常都吃着主人给它拿的青草,时间长了也就慢慢地变得不喜欢吃了。有次无意中,主人在它的草料中加了一把盐,草料立刻就变得有滋有味了。驴就问主人在里面加的是什么,主人说是盐,于是驴就宣布,从此以后,不吃草料了,每天要光吃盐!

因此,一个人的一生不能只听一个话题过日子,也不可能只是一个心情,永远保持不变。如果你要让对方变得愿意听你的讲话内容,或者接受你的观点,你就得学会选择适当的时机,说合适的话。犹如一个参赛的棒球运动员一样,即便他有良好的技术、强健的体魄,但是如果他没有把握住击球的那个决定性瞬间,偏早或偏迟,棒就落空了,比赛也就输了。

因此, 时机对一个想让自己变得优秀的人来说是非常宝贵的;但何时才是这"决定性的瞬间",怎样才能判明并及时抓住时机,没有一定的规则,主要根据谈话时的具体情况而定,比如说对方的心情,当时的环境等一系列的因素。

中国是一个讲究中庸的国家,凡事都喜欢恰到好处,过了或者不及都不是一种完美的表现，在现实生活中，与人交往也是如此，说好话更是如此。

对话是双方进行交流的基础，双方有对话才有交流，有交流才能产生情感。一次成功的交谈就像一场大家配合默契的接力赛，每个人都是这个集体接力的一员，既要接好棒，也要交好棒，谁都不能懈怠。棒在自己手上时，要尽心尽力跑好，棒在他人手上时，不妨为之加油、为之喝彩。这个接力棒就相当于说话时的话题，如果把交谈变成一个人的独白，尽管你讲得眉飞色舞、口干舌燥，也没有人为你鼓掌喝彩，所以，能说善侃者切忌扮演"一言堂主"的角色，就如同你一个劲地给对方说好听的，如果时间不对也产生不了好的效果。

因此，交流时要善于选择双方都感兴趣的话题，这样也就能更好的交流，不管是说好话，还是说不好的话，对方也都能比较容易接受。

另外交谈双方由于阅历不同，对事物的认识也就不尽一致，各人观点产生分歧、碰撞、交锋在所难免。因此，在这种时候说好话，就得根据对方的阅历和对事物的认识做相应的调整。比如说一个阅历不高，对事物认识比较浅显的人，对他说好话就必须降到他那个相应的水平，不能说太深的话，否则，对方就会认为你是在拿他开涮；相反如果是一个高阅历，对事物有着自己独特认知的人，就必须进行"高层次"的对话，这样也就能给对方留下一个比较深刻的印象。但是这一切的前提都需选择一个适当的时机，不能在对方心情不好甚至是工作不顺利的时候去说，否则就会适得其反。

最后要注意的是，在交谈过程中每个人都有表现欲，同时也就有被发现、被承认、被赞赏的内在心理需求。因此，在和对方交谈的时候，一定要满足对方的这种欲望，不能一味地跟对方说好话，适当地留一点空间给对方慢慢地品味你的好话，就像吃一道美味佳肴一样，必须要留足够的时间来品，不能像是口渴喝白开水一样驴饮。如果你只热衷于表现自己，而忽视他人的表现，对自己的一切津津乐道，而对他人的一切不屑一顾，就势必造成自吹自擂、自我陶醉的不良印象，最终好话也就变成空话了。

在现代这个商业社会，更是要懂得怎样说话，怎样说好话，以下有一则故事可以作为前车之鉴：

乔治是美国加利福尼亚州的鼎鼎有名的大亨，资产超过10亿美元。某年，他与商业伙伴戴维从加州飞到中国某大城市，准备在那里投资建厂，因此，他需要寻找合作伙伴。经过多方努力，三天后，乔治终于坐到了谈判桌前，和他谈判的对象是我国某一大型企业的领导。这位领导之所以能坐到谈判桌前，就是因为他精明能干和通晓市场行情的本领令乔治颇为欣赏。特别是当乔治听了这位领导对合资企业的宏伟设想后，他似乎已看到了合资企业的光辉前景。可是正准备签约的时候，忽听这位领导又颇为自豪地侃侃而谈道："我们企业拥有2000多名职工，去年共创利税700多万元，实力是绝对的雄厚……"

听到这儿，乔治立刻呆住了，他暗暗地掐指一算：700万元人民币折成美元是90余万，一个2000多人的企业一年才赚这么点儿钱；而这位领导居然还表现得十分自豪和满意，看来合作以后这个企业肯定会令乔治非常失望，因为离自己预定的利润目标差距实在太大了。还好合同还没有签，于是，乔治决定立即终止合作谈判。

眼看马上就要到手的投资就这样飞了，原因仅仅是因为一句话，况且还是因为一句好话。试想如果那位领导当时能保持一下安静，那么这事不也就成了吗？因此只能说明这个领导说话没找对时机，甚至说他在商场摸爬滚打几年还没有学会如何说话，还不知道在什么场合说什么样的话，最终也因为这个问题而失去了一笔很大的投资，给国家造成了较大的经济损失！

好话并不是什么时候都适用，并不是什么时候都能给自己带来好处，而是要看时机。时机对了，那就是力量；时机不对，那就成了阻碍！

第二章

说服的话儿，靠谱就成了

"说理切、择辞精、喻世明"——我们不能确保每一句话都说得很妥当，但至少从第一句话开始就特别小心，以靠谱的语气来使对方放心。

● ● ● ● ● ●

1.反正一只脚都进去了,又何必怕整个身子都进去

我们知道,开口就向别人提不太容易做到的要求,别人往往难以接受。如果先提简单的要求,然后逐步提出更高一点的要求,不断缩小差距,别人通常比较容易接受。每个人都有"保持自己形象良好"的心理,都希望给别人留下大方的印象,因此,在接受别人的第一个小要求后,再面对第二个要求时,就不会轻易拒绝。如果这种要求不会给自己太大的损失,人们往往会想:反正都已经帮了,何不帮人帮到底呢?于是"登门槛效应"就发生作用了,反正一只脚都进去了,又何必怕整个身子都进去呢?

周末,胡小青对丈夫说:"咱们买把椅子吧!"丈夫答应了。来到家居市场,很快就买好了椅子。这时,胡小青发现了一款书桌不错,煞是喜欢,就对丈夫说:"你看这个书桌,最适合你放电脑和书了。还可以当我的梳妆台,买了吧?"丈夫略加思

索，说："买。"

　　正在丈夫付钱的时候，胡小青又发现了一个衣橱不错，于是把丈夫喊到身旁，说："你看这个衣柜，确实不错啊，才300元，很实惠吧！"丈夫赶紧说："不用不用，买个几十块钱的简易衣橱凑合着用就可以了。"胡小青忙说："有这么好的椅子和桌子，配个破衣柜合适吗？"丈夫一想也是，既然椅子和桌子都买了，再买个衣橱又有什么呢！于是爽快地说："买。"

　　在这里，胡小青巧妙运用了登门槛效应，让丈夫成了她的俘虏。

　　生活中，这一效应运用得很多，比如，男子求爱，若直截了当，绝对会把姑娘吓跑，如果从朋友做起，一步一步表达爱意，则易达成目标。当男士遇见自己心仪的女孩，如果他马上提出要和对方结为夫妻、共度一生，恐怕会遭到女子的断然拒绝，他们甚至连朋友都做不成了。这时不妨想办法得到女孩的手机号，然后和她联系，再找个机会约她出来吃饭、看电影、逛公园，随着感情加深，最后向对方表达爱意也就更容易被接受。

　　比如，做父母的都有望子成龙的心理，但培养人才只能循序渐进，不可以拔苗助长。尤其是对于年龄较小的孩子，可先提出简单的要求，待他做到了，及时给予肯定、表扬乃至奖励，然后逐渐提高要求，促使孩子不断成才。

　　有个乞丐被大雨淋湿了，无奈之际，他敲开了约翰太太的家门。约翰太太打开门见是个乞丐，第一反应就是关上门。不过,乞丐及时说道:"太太,我不想要饭,我想进去避避雨。"

约翰太太无法拒绝这么简单的要求,否则也显得太没有同情心了。于是,她让乞丐进了家门,而且主动给他搬了一把椅子,让他坐下。坐了一会儿,乞丐礼貌地对约翰太太说:"尊敬的太太,我请求你给我烧点炭火,以便把衣服烤干。"

约翰太太心想,既然已经让他进了家门,就不能拒绝这么简单的要求,否则,还是会让自己显得没人情味,而且之前的善举会变得没有意义。于是,约翰太太满足了乞丐的要求。

烤干了衣服,乞丐从身上摸出两块石头,再次礼貌地说:"尊敬的太太,我想借你的锅,煮点'石头汤'喝。"约翰太太还是没办法拒绝乞丐的要求,因为满足他的要求只需举手之劳,而且"石头汤"是约翰太太头一次听说,带着好奇,她把锅借给了乞丐。当然,煤气什么的,都供乞丐使用。

水烧开后,乞丐又请求约翰太太给一点点盐,同样是那么简单的请求,约翰太太无法拒绝。之后,乞丐尝尝汤,似乎很满意,但是又有些美中不足,于是请求约翰太太给点胡椒粉,这样能让汤更好喝。最后,乞丐请求约翰太太给这锅汤里加点"微不足道"的肉末。就这样,一锅美味的肉汤出锅了。

一个乞丐之所以能够喝到鲜美的肉汤,完全在于他为获得肉汤设计了一个完美的程序,有了这种精心的"安排",成功来得似乎顺理成章。

"设计"不是空想,而需要结合现实条件,确定细致的行动路线,让自己明确每个阶段该做什么,该怎样做,这样才能逐渐实现大目标中的那些小目标。就像建造房子时,要有步骤地打好地基、添砖加瓦一样,想要成功也需要按部就班地进行,而且可以确定的是,越靠近成功,你所需要付出的努力越多,你经受的考验越大——由易到难,分步进行,实现最终目标。

2.留一条窥探的小缝,你扒着门缝看吧想吧

每个人似乎都有这种奇怪的心理:越是得不到的东西,就越想知道;越是若隐若现的东西,就越想看清楚。这就是禁果效应的基本表现。如果我们能巧妙利用这种心理,就可以达到不错的传播效果。

例如,马铃薯在法国的推广就是巧妙利用了这种心理。

巴蒙蒂埃是法国著名的农学家,当年他在德国做俘虏时,曾吃过马铃薯,被释后他带着马铃薯回到法国,但是,他无法说服人们栽种马铃薯,导致马铃薯在法国有很长一段时间得不到发展。为什么会这样呢?因为牧师把马铃薯称之为"魔鬼的苹果",医生认为马铃薯有害于身体健康,农学家则认为马铃薯会使土壤枯竭。

于是巴蒙蒂埃决定采取一个计策。1787年,巴蒙蒂埃把自己的想法告诉了法国国王,让国王批准他在一块以贫瘠著称

的土地上种植马铃薯。同时巴蒙蒂埃要求国王派遣全副武装的士兵在田野里，白天守卫，但到晚上一定要撤兵。人们发现这是一个奇怪的现象，心想：那块土地上到底种了什么东西，为何派重兵把守呢？这种强烈的好奇心促使人们有所行动：人们开始在晚上偷偷地把马铃薯挖去，种到自己的菜园里。而这正是巴蒙蒂埃所企求的。

这个故事给我们很大的启发，那就是运用禁果效应可以达到良好的传播推广效果。在现代商业领域，很多企业经营者都希望自己的公司、产品美名远扬，为了打开产品销路，很多企业都会努力到各大媒体露面，打广告、搞宣传，为的就是提高产品知名度，而有些企业经营者却反其道而行之，有意隐藏自己的信息，给人留下故意躲避的印象，从而吸引人们特别是媒体的关注。待人们努力了解后，才发现原来没有什么特别的，但这时人们已经对该企业、该产品印象深刻了。

加娜庙是印度的一座古寺庙，它周围环绕着红墙，绿树成荫，庙门宽敞。但庙里的空间不大，行人从宽大的庙门前经过，就能将庙里的景致一览无余。因此，没有多少游人进去观光，日子一久，寺庙只好关门大吉了。

然而出人意料的是，自从加娜庙的大门关闭之后，却出现了一种奇怪的现象：游人走到这里，经常会在庙门前停留，他们扒着门缝儿往里看。每天窥探的人比往日大门敞开时进去观光的人多了许多，甚至工作人员也被影响了，也扒着门缝儿往里看,想知道里面到底发生了什么事。

　　其实庙里一切如同往常,什么事情也没发生。能看到的景象只是一块红墙、一角砖地,一棵老树,其他的东西被大门遮住了,无法看到。

　　当地的和尚对这种现象感到好奇,便统计了一下每天扒着门缝儿往里窥探的人数。这一数不要紧,大家被巨大的数目吓了一跳,窥探的人一个挨着一个,竟比之前开门时多了几十倍。

　　在这种情况下,加娜庙终于向游客开放了,不过这次开放与以前不同,和尚们把一道影壁立在大门的里面,阻挡人们的视线。人们总想一探究竟,所以踊跃购票。

　　和尚们还有意锁上几间房门,留些小缝供人们窥探。房里同样放了屏障,让人窥探起来很费劲。不过仔细一看,也只能看到一张老床,一个老柜,一双旧鞋,再向里看,还能看到一个小泥菩萨。但人们却乐此不疲。

　　后来加娜庙里来了一个奇怪的和尚,这个和尚没什么知识,也没什么特长,但说话从来都是说半句,故意留半句不说,故意不把事情说完整,他是真的没有本事说完整。可正因为这样,前来讨教的人反而说这和尚的学识高深莫测,非常灵验。

　　在很长一段时间里,人们对加娜庙与这位和尚都有浓厚的兴趣,将其奉为神明,前来烧香拜佛的人与日俱增。

　　加娜庙及那位和尚之所以那么吸引大家的注意力,显然是因为"禁果效应"在发生作用,正如那句话所说,"越想推广传播，越要闭口不说"，留一点窥探的小缝，给人一个巨大的想象空间，欲语还休的效果可以吊足听众的胃口。

3.敬酒不吃吃罚酒，请将不如激将

对有些人，只要动之以情，晓之以理，以诚相待，就能打动他；但在同样情况下，另外一些人可能"敬酒不吃吃罚酒"，你磨破嘴皮，他就是不答应你的请求，此刻如果你改变策略，突然给他一个强烈的反刺激，用超常的手段去激励他，说不定"柳暗花明又一村"。

张仪因久不得志，穷困潦倒，一日到苏秦府上拜见苏秦。好几天后，苏秦才出来见他，并只让他坐在家仆们坐的堂下，仅赐给仆妾们吃的饭食，而且还几次故意责备张仪，说他穷酸，不想和他打交道。张仪听后气愤不已，离开了苏秦，前往秦国。

在张仪去秦国的途中，却有一个素不相识的人与他结伴同行，送给他许多金钱。张仪到达秦国后，依靠陌生人资助的钱财得以拜见了秦惠王，并很快被秦惠王拜为客卿。这时，那位同伴向张仪告辞要走了，张仪问其缘由，那人说："我并不了解你，真正了解和关心你的是苏君(即苏秦)。他当时担心秦国伐赵而使合纵抗秦的计划破产，认为只有你才有能力去左右秦国的国策,所以他当时用语言刺激你,使你来到秦国。而后又私下派我跟着并接近你,供你给用。现在你已被秦王聘用,我就算完成了任务,该回去告诉苏君了。"张仪听后大为感慨。张仪后来凭他的智慧和才能,说服秦王,使秦军15年未越函谷关一步,为苏秦合纵之策赢得了很高的声誉。

可见激将方式只要使用恰到好处,适时适度,效果是妙不可言的。

激将法的一种是直接刺激。这种方法通过故意贬低对方,借以激起对方求胜的欲望,也能使其超水平发挥自己的能力,从而达到我们的目的。

当马超领兵攻打葭萌关时,诸葛亮告诉刘备,只有张飞、赵云二人是马超的对手。刘备建议让张飞去迎战。诸葛亮说:"主公先别说话,让我去激激翼德。"

二人已在谈话间,张飞主动请缨去迎战马超,诸葛亮却假装没有听见,只是对刘备说:"马超智勇双全,无人能敌,除非往荆州唤云长来,方能对敌。"

张飞说:"军师为何小瞧我?我曾经一人独对曹操百万大军,难道还畏惧马超这个匹夫?"

诸葛亮笑着说:"你在当阳拒水断桥,是因为曹操不知虚实,他若知道虚实,你岂能占到便宜?马超英勇无比,他在渭桥之战差点杀了曹操,我看就是云长来了也未必能胜得了他。"

张飞说:"我现在就去取马超项上人头,如若不胜,甘当军令。"

诸葛亮见激将法起了作用，便顺水推舟地点头答应了。张飞得令，与马超在葭萌关下酣战了二百多个回合，当时虽未决出胜负，却使马超产生敬畏之心，几天后，率众归顺了刘备。

激将法的第二种形式，是间接刺激。

还是诸葛亮的故事。曹操北定中原，举兵南下时，刘备派诸葛亮去吴国拜见孙权，游说吴国与蜀国两家合力抗魏。诸葛亮深知，如果直接要求吴蜀联兵，一定使孙权以为刘备有求于他，事情会不好办。最好的方法是用激将法激他。

诸葛亮在柴桑见到孙权后，说："我看曹操兵多势众，东吴弹丸之地不是对手，将军何不向曹操投降称臣，以求暂时的安宁？"孙权听了很不高兴，反问诸葛亮，为什么刘备不向曹操投降称臣？诸葛亮回答道："古代的田横仅仅是齐的壮士，尚能守义不辱，何况我主是帝王之后，盖世英才，岂能屈居奸贼屋檐之下？"诸葛亮这一招果然管用，孙权最终同意孙刘联盟，共抗曹操。而诸葛亮也就此圆满完成了出使江东的使命。

诸葛亮以张扬、称赞他人他物的方式，间接贬低对方，以激发对方压倒、超过第三者的决心，从而为我所用。

4.温水煮青蛙,让他难以脱逃

有人做过这样一个实验,将锅里盛满凉水,然后放进去一只青蛙。青蛙在水中欢快地游啊游啊,丝毫不介意环境的变化。这时,把锅慢慢加热,青蛙对一点点变温的水毫无感觉。慢慢地,温水变成了热水,青蛙感到了危险,想要从水中跳出来,但为时已晚,因为它已经快被煮熟了!

青蛙之所以快被煮熟也不跳出来,并不是因为青蛙本身的迟钝,事实上,如果将一只青蛙突然扔进热水中,青蛙会马上一跃而起,逃离危险。青蛙对眼前的危险看得一清二楚,但对还没到来的危机却置之不理。

这就是青蛙法则,经营中,懂得运用这个法则,就能成功操纵顾客,让他在不知不觉中就掏出腰包。

当顾客选购衣服时,精明的售货员总是不怕麻烦地让顾客反复试穿。当顾客将衣服穿在身上时,他又会不断地称赞。顾客顿时笑逐言开,会很高兴地买下衣服。当然,顾客形形色色,实际销售中并非总能如此顺利。但只要把握住微笑服务,真诚与顾客沟通,揣摩顾客的心理,替顾客着想,就能打动顾客。

推销时,售货员话不用多,但要有分量,这样才能操纵顾客的购买欲。售货员若想把商品所有的优点都列举出来,就会说很多画蛇添足的废话,反而会引起顾客的不信任。而且怀疑和犹豫可能出现并反复发生在顾客购物的各个阶段，包括在购物以后，如果售货员针对其中的一个或几个说一些有分量的话，那么会令人更信服。

对顾客的任何一种不同意见都不能置若罔闻。不仅要证实自己观点的正确，还要打消谈话对方的疑虑。如果对顾客的不同意见不作答复，会让人觉得售货员对商品故意只做不完整的、有倾向性的介绍。切不可把顾客的不同意见当作是其不想购买的借口。相反，顾客的不同意见恰恰说明他对商品很关心，说明他有吸取你意见的愿望。这样的顾客比光听不说话或者只用一句话来回答问题的顾客好说服得多。不同的意见能反映出顾客的立场，暴露出他的忧虑所在。此时，耐心地解答，剔除其疑虑，生意也就做成了。

另外，在具体的商业用语中，也要用温情的话语吸引顾客。具体有以下几个技巧：

避免命令式，多用请求式

命令式的语句是说者单方面的意思，没有征求别人的意见，就强迫别人照着做；请求式的语句，则是以尊重对方的态度，请求别人去做。请求式语句可分成三种说法：肯定句："请您稍微等一等。"疑问句："稍微等一下可以吗？"否定疑问句："马上就好了，您不等一下吗？"一般说来，疑问句比肯定句更能打动人心，尤其是否定疑问句，更能体现出营业员对顾客的尊重。

少用否定句，多用肯定句

肯定句与否定句意义恰好相反，不能随便乱用，但如果运用得巧妙，肯定句可以代替否定句，而且效果更好。例如，顾客问："这款有其他颜色吗？"营业员回答："没有。"这就是否定句。顾客听了这话，可能就不买了。如果营业员换个方式回答，顾客可能就会有不同的反应。比如营业员回答："真抱歉，这款目前只有黑色的，不过，我觉得高档产品的颜色都比较深沉，与您气质、身份、使用环境也相符，您不妨试一试。"这种肯定的回答会使顾客对商品产生兴趣。

采用先贬后褒法

比较以下两句话：

（1）"价钱虽然稍微高了一点，但质量很好。"

（2）"质量虽然很好，但价钱稍微高了一点。"

这两句话除了顺序颠倒以外，字数、措词没有丝毫的变化，却让人产生截然不同的感觉。先看第二句，它的重点放在"价钱"高上，因而，顾客可能会产生两种感觉：

其一，这商品尽管质量很好，但也不值那么多；

其二，这位营业员可能小看我，觉得我买不起这么贵的东西。再分析第一句，它的重点放在"质量好"上，所以顾客就会觉得，正因为商品质量很好，所以才这么贵。总结上面的两句话，就形成了下面的公式：

（1）缺点→优点=优点

（2）优点→缺点=缺点

因此，在向顾客推荐介绍商品时，应该采用公式（1），先提商品的缺点，然后再详细介绍商品的优点，也就是先贬后褒。此方法效果会更好。

言词生动, 语气委婉

请看下面三个句子:"这件衣服您穿上很好看。""这件衣服您穿上很高雅, 像贵夫人一样。""这件衣服您穿上至少年轻十岁。"第一句说得很平常, 第二、三句比较生动、形象, 顾客听了即便知道你是在恭维她, 心里也很高兴。除了语言生动以外, 委婉陈词也很重要。

对一些特殊的顾客, 要把忌讳的话说得很中听, 让顾客觉得你是尊重和理解他的。比如对较胖的顾客, 不说"胖"而说"丰满";对肤色较黑的顾客, 不说"黑"而说"肤色较暗";对想买低档品的顾客, 不要说"这个便宜", 而要说"这个价钱比较适中"。

5.你心里有一棵"开花的樱桃树"吗?

找到他人内心最看重的东西, 然后再进行反复刺激, 你可以一遍又一遍地重复这一点, 以突破对方的心理防线。

一位房地产销售代表带着一对年轻的夫妇去看房子。这个房子的装修不是太好, 许多人来这看过, 都没有下定决心要买。但是当他们在房前停下来的时候, 那位女士的视线穿过房子, 发现在后院有一颗美丽的正在开花的樱桃树。

她立刻叫了起来:"啊,你看那棵正在开着美丽花朵的樱桃树!当我还是一个小女孩的时候,我家的后院也有一棵开花的樱桃树。于是我想,以后我也要住在一个有开着花的樱桃树的房子里。"

丈夫挑剔地看完房子后,他说的第一件事是:"看起来我们得把这个房子的地板换一下。"

销售代表说:"是的,没错。不过在这个位置,只需要一瞥,你就能穿过餐厅看到那棵漂亮的开着花的樱桃树。"

那位女士立刻从后窗看出去,看着那棵樱桃树,她微笑起来,销售代表知道在这对夫妻中,这位女士才是决定者,所以他把主要精力集中在她的身上。

他们走进厨房,丈夫说:"厨房有点小,而且煤气管什么的有些旧。"销售代表说:"是的,不错。但是当你做饭的时候,从这里的窗子望出去,仍然可以看到后院里的那棵美丽的开花的樱桃树。"接着,他们又上楼看了其余的房间。丈夫说:"这些卧室太小了,壁纸也太花了,房间都需要重新粉刷才行。"销售代表说:"是的。不过你没有注意到,从主卧那里,你们可以将那棵开花的樱桃树的美景尽收眼底。"

那位女士对有樱桃树那套房子实在是太喜欢了,以至于她不再提议看其他的房子了。他们最后购买了那套房子。他们之所以会这么快做出这个购买决定,是因为那个销售员察觉出了客户最感兴趣和最关心的重点——那开花的樱桃树,从而利用这一点对她进行反复刺激。

　　在销售的每一件产品或服务中，都有一棵"开花的樱桃树"。销售人员要学会找到消费者眼中的那棵"开花的樱桃树"，抓住这个最强有力的成交要素。这个策略称之为"特点攻略"。

　　以销售笔记本电脑来说，假如我们的笔记本电脑上有红外线接口，而其他电脑没有红外线接口，这一点虽然是产品特色，但也不会对客户的购买决策产生太大的影响。因为大多数顾客不了解这个的作用。如果正巧客户的兴趣就落在红外线接口上，那就可以重点强调产品的这一特色，成交就容易了。相反，如果把握不到客户关注的重点，只是提供客户购买理由以外的信息的话，无论你说得多有吸引力，也无法打动客户。

　　美国特工曾经有过这样的课程：通过瞬间显示机，让新学员在勉强能看到东西的瞬间光线下看到几张扑克牌。于是他就有了一种只有那种扑克牌出现的"期待"，接着就在完全不给他任何提示的情况下，通过这种机械装置给他看一些奇特的扑克牌，结果新学员起初都无法弄清那是什么。这是因为，在这种情况下，正是对正常扑克牌的"期待"极大地限制了新学员的感觉，也就是说，没有被"期待"的东西出现在他眼前时，新学员的辨识能力将大幅下降。这种"期待"转化成购买商品的动机时，就是之前提到过的"开花的樱桃树"。

6.是否和大家有合适的眼神交流？

当我们与人接触和交谈的时候,除了用传统语言来表达自己的意思,如果能适当地加上肢体语言的修饰,会让你在谈话中收到意想不到的效果。

肢体语言是和传统语言相辅助的一种沟通形式,它伴随着我们"说话"的同时产生,来自于面部表情、眼神接触、手势、站立姿势和态度,大多数情况下,它是人潜意识下的反应。

当你和对方交谈时,对方正在侃侃而谈,我们要适时地做出一些反应,比如点头默认;微笑看着对方,传达出一种默契;适时地作思考状等。这时的肢体语言就能比传统语言更有效地促进沟通。

二丫刚毕业的时候并不善于交流,常常和同学、朋友一起聚会,大家聊得火热,她只在一边听别人聊天,偶尔流露一点好奇。但是,大家都非常喜欢她。

有一次,她和同事一起去参加一个联谊会,去了不久,同事就和别人聊上了。因为没有其他认识的人,她只好坐在一边,听他们聊天。和同事聊天的那个人是个旅游爱好者,走过许多地方,在他讲述他到过的每个地方的时候,二丫总是瞪大了眼睛,作询问状。在他讲到在旅游中遇到的一些比较惊险的事的时候,二丫便用好奇和佩服的眼神来鼓励对方。

等到联谊会快结束的时候，那人对二丫的同事说："你的朋友真是个机灵的人。"

眼神是我们表达肢体语言非常重要的环节。眼睛是心灵的窗口，不论什么时候，无论你和什么人聊天，你的态度是否认真而真诚，通过你的眼神都会传达给对方。

如果我们交谈的对方是个不太熟悉的人，更要注意眼神的运用。人们一般认为不躲闪而且自然的眼神交流能表达一个人的诚恳和坦率。因此，如果你是个不善于言辞的人，你就适时运用你的肢体语言，用真诚的目光微笑看着对方，这样即使你没说太多的话，对方都会认为你很善于沟通。

交谈的时候，如果你说："你说的对。"但是你的眼神一直在左顾右盼，那么对方一定会想，你是在敷衍他，你所表达出来的"你说的对"并不是肯定。只有加上了肢体语言，用眼神对他说：你是对的，这样别人才会更相信你。

眼神交流是肢体语言中很有力量的一种，直接表达情绪或者态度。在不回避对方眼神的同时，也注意不要直勾勾地盯着对方看。如果谈话的对象有多位，那么在每个人的眼神碰撞之间游离也是很有技巧的。眼神迅速转移也是不礼貌的，往往说明你对对方问题的忽略，这一点可不能大意。

除了眼神、表情，适时地甩下头发、打个手势、换个坐姿，都能在交流中变成一种语言来为谈话进行修饰。

也许你是个比较友善的人，但是你从不和别人发生眼神交流，径直走进你的办公室，那么你的同事会觉得你并不好亲近。仔细想想你的一天，你都是怎么做的。无论是早上、午歇、下午茶或者下班开车的时候，都问问自己："今天我笑了吗？""我是否和大家有合适的眼神交流？"一旦你开始意识到管理肢体语言的重要性，你将会受益终生。

总的来说，肢体语言的运用是非常有效的，有些普通的肢体语言符号能抵得上一大堆话。不过要提醒你的是，肢体语言并不能表达全部，无论如何，不要忘了语言本身的价值。

7.真情实感，才能一字千金

每个混迹社交场所的人都应该明白，真诚是一笔宝贵的财富。无论你与什么样的人接触，如果你能展现出自己内心的真诚，就能在某些方面有所收获。如果你在与对方交谈时是认真而真诚的，你的语言也自然会体现魅力。

会说话的人，不光有渊博的知识，也会用真诚的语言、态度来折服别人，换来彼此的心灵相通、坦然以待。

讲话如果只追求言辞漂亮，缺乏真挚的感情，开出的也只能是无果之花，虽然能欺骗别人的耳朵，却永远不能欺骗别人的心。著名演说家李燕杰说："在演说和一切艺术活动中，唯有真诚，才能使人怒；唯有真诚，才能使人怜；唯有真诚，才能使人信服。"若要使人动心，就必须要先使自己动情。

严欣最早是安利公司的普通推销员，在某次产品发布会上，经理给每一位职员上台展示的机会，他们可以自由讲述自己在事业上、生活上的种种经历。

严欣原本是个不太善于说话的人，一到台上，更不知道该说些什么，想到从小到大她所经历的种种磨难，心理稍微平静些，她想把这些说给与会的所有人听。

于是，她从父母离异，被迫到乡下奶奶家生活，讲到奶奶如何抚养并供她上大学，一边讲着这些，一边想着她的种种经历，甚至忘了台下还有那么多人在听，心里的恐惧更是早已忘却。讲到情浓的时候，她自己首先流下了眼泪，讲到父母为了各自的生活抛弃她，她的话语非常激动……

半个小时过去了，会场里一片安静，大家都被她深情并茂的演讲打动了。当她从她讲述的经历中回过神来，台下已经一片掌声雷鸣。

之后，经理觉得她是个人才，便重点培养，不到半年的时候，她就当上安利的地方讲师。

无论你是与某个人交谈，还是在公众场合演讲，只要真诚就能打动人心。如果我们在与人交流时能捧出一颗恳切至诚的心，一颗火热滚烫的心，怎能不让人感动？白居易曾说过："感人心者，莫先乎情。"炽热真诚的情感能使"快者掀髯，愤者扼腕，悲者掩泣，羡者色飞"。

说话不是敲击锣鼓，而是敲击人们的"心铃"。"心铃"是最精密的乐器。会说话的女人总是能用真挚的情感、竭诚的态度击响人们的"心铃",刺激之、感化之、振奋之、激励之、慰藉之。让喜怒哀乐,溢于言表;使黑白贬褒,泾渭分明。用自己的心弦去弹拨他人之心弦,用自己的灵魂去感染他人的灵魂,使听者闻其言,知其声,见其心。

如果一个人能用得体的语言表达他的真诚,就能很容易赢得对方的信任,与对方建立起信赖关系,对方也可能因此喜欢他说的话,并因此答应他提出的要求。能够打动人心的话语,才可称得上是"金口玉言","一字千金"。

心理学家认为,人际之间存在"互酬互动效应",即你如果真诚对别人,别人也以同样的方式给予回报。道声"谢谢",看似平常,可它却能引起人际关系的良性互动,成为交际成功的催化剂。因此,真诚的语言,不论对说话者还是对听话者来说,都至关重要。

说话的魅力,不在于说得多么流畅,多么滔滔不绝,而在于是否善于真诚表达。最能赢得人心的人,不见得一定是口若悬河的人,而一定是善于表达自己真诚情感的人。

说话是一个传递信息的过程,要提高自己的说话水平,增添自己的语言魅力,并不仅仅在于说话者本人能否准确、流畅地表达自己的思想,还在于他所表达的思想、信息能否为听众所接受并产生共鸣。也就是说,要将话说好,关键还在于如何拨动听者的心弦。

在生活中,有些人长篇大论甚至慷慨陈词,可就是难以提起听者的兴趣;而有些人仅仅寥寥数语,却掷地有声,产生魔力,这是为何呢?

很简单,后者能了解人们的内心需要,能设身处地地站在对方的立场,为对方着想。因此他们的话总是充满真诚,也更容易打动人心。

真诚的语言虽然是朴实无华的,但却是最感人的。因此,无论你是交朋友、和老板谈加薪还是和客户谈生意,只要是发自内心地真诚地说话,就会让你的成功率倍增。

8.在自信的前提下,可以故意示弱

主动示弱,在某种意义上说也是人生在世的一种姿态。如今的很多人都爱表现出强者风范,但往往碰得头破血流;而会适当示弱的人,则更容易被接受。所以,做人做事,如果能适时地示弱,有时反而可能会成为赢家。世上没有风平浪静的海,也没有一帆风顺的路,我们每个人都会遇到困难和挫折,既然避免不了,就不要太在意,总是放在心上。有时候,既然不能硬碰硬,那就学会主动示弱,淡然处事。

某地有一座砖瓦窑,窑主规定每个窑工每个月必须制成一万片瓦坯,完不成的只能拿一半的工钱,超过一万片按数量计发奖金。

一天，窑主新招了一个工匠小陆，他上窑厂操作了两天，每天制瓦坯600片，且质量上乘。老板非常高兴，表扬了他。小陆就得意地说："每天800片我都没问题，这奖金我拿定了。"

收工时，小陆感觉到一道道恼恨的目光向他射来。当他到食堂吃饭的时候，他的碗筷又被别人扔在一旁。这一下，小陆知道自己遭到了大多数人的妒忌。

第三天，小陆有意放慢了速度，制瓦坯的数量和一般工人接近。老板再来检查时，小陆恳切地说："老板啊，我们在砖窑干活又脏又累，做了9999片瓦坯还只能拿一半工资，有点不合理……"老板考虑了一下，觉得他说的也有道理，就取消了这项工资制度。

小陆还积极接近工友们，教他们提高工效的办法，使大家都能达到定额。此后，工友们都不再妒忌他，还佩服、尊敬他。

小陆曾因锋芒毕露得罪了工友，之后他又及时调整自己，不再突出自己，而是关心大家的利益，提出建议并帮助工友提高工效，最后让老板满意，工友高兴，自己也获得了尊敬。

其实，人大都具有一种妒忌的心理，而示弱能使处境不如自己的人保持心态平衡，有利于人际交往。毕竟，一个人在这方面突出，那么另一方面就难免有弱点。所以在社交中，就不妨选择自己"弱"的一面，隐藏自己过于咄咄逼人的成绩，让别人放松警惕。

曾有一位记者去拜访一位企业家，目的是要获得有关他的一些负面资料。然而，还来不及寒暄，这位企业家就对想质问他的记者说："时间还早得很，我们可以慢慢谈。"记者对企业家这种从容不迫的态度大感意外。

不多时，秘书将咖啡端上桌来。这位企业家端起咖啡喝了一口，立即大嚷道："哦！好烫！"咖啡杯随之滚落在地。等秘书收拾好后，企业家又把香烟倒着插入嘴中，从过滤嘴处点火。这时记者赶忙提醒："先生，你将香烟拿倒了。"企业家听到这话之后，慌忙将香烟拿正，不料却又将烟灰缸碰翻在地。

在商场中趾高气扬的企业家出了一连串的洋相，使记者大感意外。不知不觉中，记者原来的那种挑战情绪完全消失了，甚至对企业家产生了一种同情。这就是企业家想要得到的效果。这整个的过程，其实是企业家一手安排的。因为在通常情况下，当人们发现成功人士也有许多弱点时，过去对他抱有的恐惧感就会消失，而且由于同情心的驱使，还会对他产生某种程度的亲切感。

在人际交往中，要使别人对你放下戒备，产生亲近之感，你可以很巧妙地、不露痕迹地在他人面前暴露某些无关痛痒的缺点，出点小洋相，表明自己并不是一个高高在上、十全十美的人，这样就会使人在与你交往时松一口气，不再以你为敌。

从这里我们可以看出，主动示弱是一种生存策略。在当今竞争激烈的环境下，锋芒毕露的人总会成为众矢之的而被大家孤立或抛弃，最终不能成功。而隐藏自己的实力，消除大家的防备之心，在适当的时候出其不意，才是能适应当今社会的生存法则。

海滩上的蓝甲蟹分为两种,一种是较为凶猛的,跟谁都敢开战;一种是比较温和的,遇到敌人,便翻过身子,四脚朝天,任你怎么踩它,它都不理不动,一味装死。经过了千百年的演变,出现了一种有趣的现象,强悍凶猛的蓝甲蟹越来越少,成为濒危动物;而喜欢示弱的蓝甲蟹,反而繁衍昌盛,遍布世界许多海滩。动物学家研究发现,强悍的蓝甲蟹一是因为好斗,在互相残杀中首先灭绝了一半;其次是强悍而不知躲避,被天敌吃掉一半。而会示弱装死的蓝甲蟹,则因为善于保护自己而扩大了繁衍数量。

让我们做一只会示弱的蓝甲蟹,在竞争激烈的现代社会中走得更远吧。示弱不仅能使得对方消除敌意,增进彼此的了解和理解,还是成功路上必不可少的考验。

试想,谁能够恒强?谁能够一帆风顺?在强的时候故意示弱固然是一种策略,可是在弱的时候,不妨也诚实一点,示弱给别人看,表达你需要帮助的诚意,从而接受别人的帮助,走出困境。

第三章

雷人的话儿,说多了都是泪

　　说者无心,听者有意,说话者的语言稍有不慎,就会让对方感到不愉快。"说错话"就是最容易破坏这个世界的力量。

• • • • • • •

1.开口悠着点,到什么山上唱什么歌

说话水平有多高,在一定程度上体现出做人做事的水平
有多高,从这个意义上说,说话高手一定是一个做人高手,一
个人如果不改变视说话为"奇淫技巧"的态度,那么就无法提
高自己做人做事的层次。不懂得驾驭自己的语言,信口胡来、
口无遮拦,自以为洋洋洒洒。其实在不经意中,语言中透露出
的情绪,就会令自己的风度尽失。

谁都知道人际关系对自己是多么的重要,说话高手懂得
通过语言打造自己的人际关系。反之,一句话的不慎也会损
坏甚至摧毁一些人际关系。说话者的语言稍有不慎,就会让
对方感到不愉快。说者无心,听者有意,不加注意自己的措
辞、伤害对方感情与尊严的例子不胜枚举。

一位早年毕业于某高等院校中文系、勤勤恳恳工作了几
十年的老教师退休了,为此,学校为他和另一位曾多次荣获过

"先进"称号的退休老同志一起举行了一个欢送会。与会同志和领导对他们的工作和为人进行了热情洋溢而又非常得体的肯定和赞扬，相比之下，那位曾多次荣获过"先进"称号的老同志得到的美誉更多。当轮到两位受欢迎的退休老同志致答谢辞的时候，他们对大家的赞誉作了深情的感谢。一时间，会场里充满了一种令人动情的温馨气氛。作为答谢，话本该说到这里为止；然而，那位老教师却并未就此打住，由人们对另一位"先进"的赞扬中引起了感触，并作了颇为欠当的联想和发挥："说到先进，很遗憾，我从来也没有得过一次……"

突然，坐在他对面的、平日与他相处得不很融洽的一位青年教师抢了话头："不，那是我们不好，不是你不配当先进，是怪我们没有提你的名。"话语中带着一种不肯饶人而又让人难堪的"刺"。冷不防，老教师的眼角眉梢被"刺"出了一股感伤的表情，一时间会场中出现了一种怏怏不悦的尴尬气氛。一位领导见势不对，马上接过话茬，想把气氛缓和一下。照理说，这时，他应避开"先进"这个敏感的话题，转而谈论其他。然而，他却反反复复劝慰那位退休老教师，叫他对"先进"的问题不要在意，说没有评过先进，并不等于不够先进，先进不仅在名义，更要看事实。如此等等，一席话，等于是把本应避而不谈的话题作了重复和引申，使本已尴尬的局面更为尴尬。

从这个故事中，我们可以引出几点发人深思的教训来：

一是那位退休老教师的教训：不该作无谓的比照。比照，是谈话中常用的一种手法。用得好，可以使谈话产生某种积极的效果。这里,"积极的效果"是应该特别注意的。在退休欢送会这样的场合,人家所说的往往都是一些富有情感而又不失其真的十分得体的人情话和好话。对于这种充满人味的好话,听话者要善于倾听,善于应答,大可不必拿别人的长处来衡量自己的短处,从而引起自己的不快。

二是那位青年教师的教训:不要在别人失意之火燃烧时加油。与人相处,难免会发生这样那样事情,在一位勤勤恳恳工作了一辈子的老前辈即将退休时,虽然可能因为老先生平时在某些方面不善为人处事而与自己伤了和气,然而在欢送会这种场合,我们却不能乘别人一时失言,抓住不放,图一时之痛快而说出那些不合人情的刻薄话。在这种场合,无论如何,还是要在"欢"字上多考虑一些,"欢送欢送","欢"而"欢"之,要尽可能多留一点美好的想头给人家。

三是那位领导人教训:应注意避开敏感话题。在会场出现了某种始料未及的尴尬局面时,他没有直接去批评那位言之有失的青年教师,而是竭力肯定那位老教师的贡献,这些都是无可厚非的。然而,从具体的应变能力和言语技巧上看,却又显得很不够。照理说,在这种场合,他应竭力避开"先进"这个敏感话题,"顾左右而言他",巧妙地把话题岔开,使欢送会的气氛由暂时不欢而重新转向欢快,并顺势掀起新的高潮,而不是如他所做的那样在敏感话题上唠叨不休。能否机敏地避开某些不宜多说的话题,对领导者的领导能力也是一种很好的检验。

三个方面的教训,合为一点,就是:说话要注意场合。不看场合，随心所欲，信口开河，想到什么说什么，这是"不会说话"的一种拙劣表现。人，总是在一定时间、一定地点、一定条件下生活的，在不同的场合，就应该说不同的话，用不同的方式说话，这样才能收到理想的言谈效果。

2.信口开河，覆水难收

在和别人交谈时，听别人说了一半的话，便开始发表自己的见解，殊不知，你听到的只是上文，下文才是对方真正要表达的意思。

或者，在某些场合，你口无遮拦地说了一大堆别人的不是，没想在场的人中，正好也有相似的缺点，在你滔滔不绝地对此大加发表你的看法的时候，别人其实早已对你不满，甚至会对你恶语反击。

还有些人，喜欢把听来的小道消息添油加醋地到处宣扬，虽然你并没有恶意，可是在你不经意中给别人造成了极大的伤害。这个时候，你再想挽回，已经为时太晚，也因此而失去别人的信任和友谊。

在某一次朋友聚会上，小梅讲起她大学一位教授的秘事时说："我们那个哲学老师那叫一个色。听说他有三个老婆，一个在香港，一个在加拿大，另外一个就是现在和他在一起的妻子。我们毕业的那段时间，又听说他要离婚，打算娶我们学校的一个女老师。"

陈菲实在憋不住了就问："你为什么这么清楚？"小梅说："大家都知道啊。"

"大家是谁？"

"学生们哪。"

直到后来，陈菲问她道："小梅，你知道我是谁吗？"

小梅有些迷惑，说："你不是陈菲吗？"

"我是你说的那位教授的女儿！"

小梅窘住了。

在不了解情况的时候，千万不要信口开河、搬弄是非。说不准听你说话的人，就是你要贬低的对象，如果这个人又是你即将合作的客户，或者你的领导的某位亲戚，那么你无意间就为你的事业设置了一个障碍。

总公司的市场经理祝彦初次来办事处指导工作，中午请部门同事一起吃饭。席间谈起一位刚刚离职的副总韩绍华，入职不久的李乐心直口快地说韩绍华脾气不好，很难相处。

其他同事急忙打圆场，祝彦说："是吗，是不是她的工作压力太大造成心情不好？"李乐说："我看不是，三十多岁的女人嫁不出去，既没结婚也没男朋友，老处女都是这样心理变态。"

闻听此言，刚才还争相发言的人都闭上了嘴巴。因为，除了李乐,那些在座的老员工可都知道:祝彦目前也待字闺中!
好在一位同事及时扭转话题,才抹去祝彦隐隐的难堪,而事后
得知真相的李乐则为这句话后悔了好久。

特别与初次见面或不是十分熟识的朋友接触时,谈话的
内容一定要加以甄选,不能口不择言,随便说话。必要时要保
持沉默。一旦因为对对方不了解而触犯了人家的忌讳,或者言
者无心得罪了别人,就会造成难以挽回的结果。

语言是人类交往的工具,我们依赖语言这个工具相互沟
通,表达我们的情感,但它同时也是误会和争吵的开始。

一天之中,你的每一句话不可能都是经过思索才说出口
的,对那些与你关系不大的人,乱开几句玩笑,随便说点笑话,可
能不会产生什么严重的"后果",可假若对方是你的爱人、你的上
司、你的客户,一切都不同了。任何不经大脑而"随便说说"的话,
都有可能给你的家庭或者事业带来障碍。

"张某借了王某的钱不还,存心赖账,真是卑鄙。"昨天你
对一个朋友这么说。这话是从王某那儿听来的,他当然站在自
己的立场说话。人都是觉得自己是对的,当然不易把话说得很
公正。

如果你有机会见到张某,他也许会告诉你,他虽然借了王
某的钱,但有房屋契约押在王某那里。因为自己一笔钱被别人
耽误了,到期不能清还,只好延长押期。当初王某表示若有需
要,随时可以延长押期,而今王某急于拿回现款,张某一时无

法立刻付清,既然有抵押物,就不能说他是赖账。

首先你要明白的一点就是,你所知道的关于别人的事情不一定可靠,也许另外还有许多隐情你不曾了解。如果你贸然拿你所听到的片面之言宣扬,不是颠倒是非,就是混淆黑白。话说出口就收不回来了,一旦事后你彻底地明白了真相,你还能进行更正吗?

事实上人与人之间的关系大半都是如此复杂,因此,在与人聊天中,你若不知事情的全部,就不要信口开河。

3."我这月工资……奖金……,你呢?"

人在职场中,总是忍不住自己的好奇心,喜欢偷偷打听同事的工资。有的人打探别人时喜欢先亮出自己,比如先说"我这月工资……奖金……,你呢?"如果他比你钱多,他会假装同情,心里却暗自得意。如果他没你钱多,他就会心理不平衡了,表面上可能是一脸羡慕,私底下往往不服,这时候你就该小心了。背后做动作的人通常让你防不胜防。

闫妮和甄晓兰在同一家公司工作,是工作上的搭档,两人关系很好。无论干什么事总是在一起,有什么喜讯都愿意和对方分享。

又到了发工资的时候了，因为上个月他们做的一个预案特别成功，所以老板给他们发了奖金。闫妮打开工资单一看，整整多了伍佰元的奖金，心里都快乐疯了。旁边的甄晓兰问她发了多少工资的时候，她毫不犹豫地说了出来，虽然公司有规定不让大家互相打听工资。

甄晓兰的脸一下就阴了下来，因为她的工资单上的奖金只有四百元。于是她就想：我和甄晓兰干的是同样的工作，一起设计一起讨论，凭什么我就比她少一百呢。旁边的闫妮看她脸色不好忙问为什么，她摇摇头，然后自己就走了。闫妮因为领到奖金很高兴也没有太在意。

甄晓兰找到老板质问凭什么少发给她一百元的奖金。老板一愣，虽然很反感，但还是告诉她因为闫妮的工作比她严谨，能力比她强，就让她回去了。回到位子上的甄晓兰越想越气，于是就悄悄地给闫妮"栽赃陷害"。不久公司传开：闫妮在做预案的时候贪污了公司的钱。终于事情传到老板的耳朵里，老板把她们俩叫到了自己的办公室。

一进门老板就开口问闫妮："你是不是私自拿公司的钱买东西了？"闫妮一愣，心想：老板是怎么知道的？原来，上个月和甄晓兰一起做预案的时候，自己有一次没有带钱就从公司的钱里面拿了一点，不过事后马上就给补上了。这事情只有甄晓兰知道，难道流言是甄晓兰传出来的。

反观此时的甄晓兰，正一脸严肃地看着她。闫妮心里明白了，她承认了自己拿钱的事情，老板查了查记录，确实也把钱补上了,于是批评到:"下次如果再发生这样的情况要先和我说,否则走人。"闫妮赶紧答应了。

老板转头对甄晓兰说:"你为什么陷害闫妮呢？"甄晓兰说:"因为我觉得我们的能力一样,她却比我得的工资多,我不平衡！"最后,老板开除了甄晓兰,因为公司不能容忍一个好打听别人薪水而嫉妒心又如此之强的人。

在办公室里,薪水的多少是一个秘密,触碰不得。打听别人的薪水会让别人很难堪,而且给自己的为人也下了一个定义。要明白,别人的薪水多少和你没有关系,即便大家的工作一样,也要看平时的表现以及工作时间的长短。所以碰上发薪水的时候,不要随便打听别人的工资。如果别人打听自己的工资也要懂得拒绝。

首先,你不要做这样的人。如果你自己都不能把持住自己的嘴巴,那么别人问你你就没有任何借口拒绝。

其次如果你碰上有这样的同事,最好早做打算。当他把话题往工资上引时,你要尽早打断他,说公司有纪律不谈薪水。如果不幸他语速很快,没等你拦住就把话都说了,也不要紧,你可以直接回绝对方:"对不起,我不想谈这个问题。"有来无回一次,就不会再有下次了。如果不好意思直接拒绝,那也可以委婉一点回应。比如:"跟你差不多"、"够我生活的"、"少得不好意思拿出来谈"、"多得我怕你会觉得难过"或是"有些事我连我父母都不透露"。

4.闲谈莫论人非,更莫论上司

职场中的人一定要注意,有些话能说,有些话是不能说的。在与同事聊天的时候,一定要避免聊上司的不是,或触碰上司的软肋。说不准,你无心的聊天,被同事拿去当了茶余饭后的传言,等再传到上司的耳朵里,不仅你在工作中得不到什么展现的机会,甚至你的工作能不能保住都是一个问题。

张萌大学毕业在一家私企做技术专员,一天在办公室里和同事聊天,偶然聊起了做上司好,还是做员工好的问题。张萌就说:"要我选择,我还是选择做员工,做上司也挺累的。比如我们的顶头上司吧!他的上头还有领导,别看在我们面前很牛,在他的上司面前,不还是要点头哈腰的?和一条狗一样。一个人两种姿态,怎么想怎么别扭!"

张萌的同事笑着说:"但是,人家的工资比咱们高呀!人家有权力,咱没有呀!"听到这里张萌不屑地说:"那都是一时的,我说呀,要是哪天公司不行了,第一个该辞退的就是他!因为他比我们拿的工资多,但是技术上的东西却一点不懂!你说哪天公司不行了,公司是要他,还是要我们?"

张萌以为听到这话同事们都会笑起来随声附和,结果却没有一个人笑,大家都在认认真真地低头干活。张萌没有发现此时正站在她身后的上司,还在说:"你们别信,我有个朋友开的公司就是这样,前期做领导的一个个都牛得不行,当公司陷入低谷,第一个倒霉的就是那些做领导的!"

张萌说得激动,手一挥正好打在上司身上,一转头,上司正怒气冲冲地对着她。张萌心里顿时凉了一截。

张萌的上司不动声色地宣布:"我来向大家宣布一个消息:刚才总经理开会说我们要在两个月内裁员两名,我一直在想,我们大家都挺努力的,裁谁好呢?"这时张萌发现大家的眼光竟然一起冲向了她。结果不到两个月,张萌就被辞退了,此时张萌才明白,不管在哪里,提上司的软肋都是致命的错误!

中国有句古话讲得好:"闲谈莫论人非。"在办公室中我们则应该"闲谈莫论上司"。不论在生活中还是工作中,向上司汇报工作或者闲聊的时候,应客观、准确,尽量不带有个人评价的色彩,以避免无意中的只言片语正好提到上司心里的那根软肋,引起上司的反感。

在办公室待时间长了,大家难免都会聊点职场上的事,这时候千万要记住:无论别人怎么说,你只需要听就可以了。如果实在要说,就简单陈述自己的观点,表述意见确切、简明和完整,有重点,不要拖泥带水,只对具体的事情,而不要针对某个人。

碰上谈论上司的坏话时,无论你知不知道上司的事情,都不要发表你的看法,小心隔墙有耳。

在我们每个人的职场生涯中,都会有对自己发展起重要作用的人,很多时候这个人就是我们的上司!好的上司会让我们的事业不断地提高，所以和上司打好关系是最重要的。因此，在职场的谈话规则中，避开上司的软肋是非常重要的原则！

萧雅的上司长得不高，身材却很臃肿，走路一扭一扭的，有些同事甚至叫他"猪头"。因为自己的胖，上司一般很忌讳别人提关于胖的字眼。

有一次，中午休息的时候，大家一起在办公室里聊天，说起上大学那会时，有一位同事说，当时他们大学最有名的校花竟然看上了一个挺矮、挺胖，长得不怎么样的男生，想来那个女生真是傻冒！

另外一名男同事也接着说："有些人长得不怎样，又圆又矮，真不知道哪里来的那么多信心，追女生、办企业，竟然还挺成功，想不通啊。"

听完这位同事说话萧雅附和了一句："就像'猪头'那样的人，不是也在女人中挺受欢迎的嘛。"说完萧雅一转身看见上司脸色蜡黄，站在自己的背后，一下子傻了眼，捂着嘴巴往外跑。

如今办公室中有很多外貌有缺陷的上司，最忌讳别人对他外表的评价，不管你是直接的，还是间接的，即使不是说他的，也一定要注意，不然会惹祸上身！因为这样的上司一般自尊心都特别强，经常从别人的话中找到毛病。有时候你无心的一句话也会让他联想到自己的外貌，那时你就百口莫辩了。

办公室里人员复杂，是最容易滋生是非的地方。要想在这里生存，除了好好工作之外，余下的事情最好都不要管！谈论上司的软肋则更不行,即使上司自己听不到,也会被别有用心的人传到上司的耳朵里。

5.对人不尊敬,首先就是对自己的不尊敬

美国诗人惠特曼说过:"对人不尊敬,首先就是对自己的不尊敬。"你希望别人怎样对待你,你就应该怎样对待别人。你尊重人家,人家才能尊重你。同事之间相处,尊重是最基本的礼貌,也是帮助你赢得对方好感的基础。

伍晨和霍永是同事,在工作能力上,霍永比伍晨稍微逊色一点,这让霍永心里很不爽。为此,他总是抓住机会向伍晨说些冷嘲热讽的话,来平衡自己的嫉妒心。

比如当伍晨获得奖励的时候,霍永就会对他说:"你看你脑袋那么好使,叫咱这样的笨蛋脸往哪儿搁呀?"但是在背后,霍永就像开玩笑似的对其他同事说:"伍晨的拍马屁功夫了不得,弄得领导们服服帖帖……哈哈哈!"

有一次,大家在集体讨论一个方案,伍晨为此准备了很多的材料,但没想到他刚刚说完自己的设想,让大家发表意见的时候,霍永就用不阴不阳的语气说道:"伍晨花了这么大的工夫,研究了那么多的资料,一定很辛苦,但我怎么一句也没听

懂呢?是不是我的水平太低,需要伍晨提示启蒙一下呢?"

霍永的话一出口,大家都听出了话里的"弦外之音",伍晨当时的脸就气红了,说道:"有意见可以提,你用这种语气是什么意思?"显然,霍永的话是太不尊重人了。面对霍永的恶言恶语,伍晨本想当面反击,但一想君子报仇十年不晚,于是又隐忍作罢。

后来,伍晨凭借自己的能力当上了霍永的上司。借霍永的一次错误,将他调到单位下属的一个小厂接受锻炼去了。

你不尊重别人就会深深地刺伤别人的自尊心,这样对自己有什么好处呢?同事也许成不了好朋友,但也不必成为敌人,我们要懂得尊重别人,切忌说有伤他人人格的话。说话要注意言辞语气,轻蔑粗鲁的语言使人感到受侮辱,骄横高傲的语言使人与你疏远,愤怒粗暴的语言有可能激发别人的怒气。

如果你刚进职场,不妨学习几点尊重别人的技巧:

首先,在基本的礼节上要做到尊重。

和同事见面打招呼可以说是我们踏进职场大门最基本的礼貌。不管彼此之间是否熟悉,在碰面时也要主动问候,这不仅能够表达出我们的热情,而且使别人觉得他受到尊重。在注视他人的时候,我们要学会用友善的眼光,对每一个人投以微笑。如果我们能够用一种友好的方式来表达自己的尊重,那么别人也会用同样的方式来回报你。

对于职场新人来说,有一点是必须要掌握的,那就是学会如何"倾听"。"倾听"同样也能表达出一种对人的尊敬,当我们谦虚地俯下身子，集中全部注意力去倾听的时候，他人也会知无不言，言无不尽。因为人们总是喜欢关注自己的问题和兴趣，当你认真倾听对方的谈话时，对方会有被重视的感觉。而且，你的"倾听"会留给对方一个良好的印象。尊重公司里的每一个人，这不仅仅是一句口号，更重要的是需要你切实地去贯彻执行。

其次，在一些原则问题上要做到尊重。

我们要学会尊重下属，不能因为在工作中与其具有领导与服从的关系而损害下属的人格；能够虚心听取下属的意见和建议；宽待下属，对下属的一些失礼、失误的地方要学会用宽容的胸怀对待，尽力帮助下属改正错误。

我们要学会尊重同事。在很多的办公室中，都会有同事之间乱起绰号，拿别人的事情当笑料，取笑别人的习惯爱好等事情发生，这完全是一种没有素质、不尊重人的表现。

万鑫是一家国营单位的小职员，性格很内向，大多时候总喜欢一个人上网，不怎么掺和同事们之间的聊天和讨论。他有一个爱好，就是对军事武器颇有研究。因此在上网的时候总会去那些军事网站上浏览，比较关注关于军事武器方面的信息，对这方面的消息可谓是了如指掌。

对于万鑫的这个爱好，很多同事都表示赞赏。但有一位新来的员工李亮却不能理解。因为军事武器对普通人来说基本上就是一个可望而不可及的东西。因此有一次，在闲暇的时候，当万鑫又沉迷到军事武器的网站上寻找资料的时候，李亮冷嘲热讽地说:"我们这里真是人才辈出啊,居然出了一位军事专家,呆在这真是浪费人才了,应该向布什申请个职位嘛。"

结果万鑫听后,觉得自己的人格尊严受到了侵犯,于是就和李亮大吵了起来。不久以后,李亮就发现,基本上办公室的同事没有人搭理他了。

别人喜欢什么,只要不牵涉到我们自身的利益,那么就与我们无关。我们要懂得尊重同事的爱好,不要用我们自身的观点去看待问题。

有时候,有些同事会把他们的隐私秘密告诉我们,那说明同事对我们充分信任。因此我们要绝对地尊重同事的隐私和秘密,不随意泄露个人隐私是巩固职业友情的基本要求,也是我们在原则问题上尊重同事的表现。

我们要尊重领导,应自觉维护领导职务及职位应有的尊严,特别是在一些公开场合上,千万不要做出一些影响了双方身份的事情。如果在意见上有什么分歧,可以选择适当场合交换意见。要随时遵从领导的指挥,对领导在工作方面的安排、命令、指令、口令表示服从和尊重。如果要向领导提建议,那么一定要考虑场合和方式方法,以使领导易于接受。

第三,在自身态度上要做到尊重。

在职场行走,难免会有犯错误的时候。作为职场新人,如果出现失误,那么应主动向对方道歉,以求得谅解。特别是同事之间,无论出现了哪一类的矛盾,道歉是必不可少的,这是对别人最起码的尊重。

我们对待同事的态度往往决定着同事对我们的态度,就如同一个人站在镜子面前,笑时镜子里的人也跟着笑;对着镜子大喊大叫,镜子里的人也大喊大叫。因此,要想获得同事的好感和尊重,先从尊重同事开始吧。

6.与其言而无信,不如别向人承诺

"君子一言,驷马难追。"讲的是做人要讲信用。一个不讲信用的人,是为人所不齿的。现在的生意场上,公司、企业做广告做宣传,树立公司、企业在公众中的形象,就是想提高公司、企业的信用度。信用度高了,人们才会相信你,和你有来往,成交生意,你办事才会容易成功。

人无信而不立。信用是个人的品牌,是办事的无形资本。有形资本失去了还可以重新获得,而无形资本失去了就很难重新获得了。办事再困难也不能透支无形资本。

有一次诸葛亮与司马懿交锋,双方僵持数天,司马懿就是死守阵地,不肯向蜀军发动进攻。诸葛亮为安全起见,派大将姜维、马岱把守险要关口,以防魏军突袭。

这天, 长史杨仪到帐中禀报诸葛亮说:"丞相上次规定士兵100天一换班,今已到期,不知是否……"诸葛亮说:"当然,依规定行事，交班。"众士兵听到消息立即收拾行李，准备离开军营。忽然探子报魏军已杀到城下，蜀兵一时慌乱起来。

杨仪说："魏军来势凶猛，丞相是否把要换班的4万军兵留下，以退敌急用。"诸葛亮摆手说："不可。我们行军打仗，以信为本，让那些换班的士兵离开营房吧。"众士兵闻言感动不已，纷纷大喊："丞相如此爱护我们，我们无以报答丞相，决不离开丞相一步。"蜀兵人人振奋，群情激昂，奋勇杀敌，魏军一路溃散，败下阵来。

诸葛亮向来恪守原则，换班的日期来到，即毫不犹豫地交班，就是司马懿来攻城也不违反原则。以信为本，诚信待人，终于成就了一代丰功伟绩。

顾炎武曾以诗言志："生来一诺比黄金，那肯风尘负此心。"表达自己坚守信用的态度。言必信，行必果。不但是对人的尊重，更是对己的尊重。

当朋友托我们给他办事时，我们能提供帮助是在情理之中。但是，办事要量力而行，不要做"言过其实"的许诺。因为，诺言能否兑现除了个人努力的问题，还有一个客观条件的因素。平时可以办到的事，由于客观环境变化了，一时又办不到，这种情形是常有的。因此就需要我们在朋友面前不要轻率地许诺，更不能明知办不到还打肿脸充胖子，在朋友面前逞能，许下"寡信"的"轻诺"。

当你无法兑现诺言时，不仅得不到朋友的信任，还会失去更多的朋友。

有一个年轻人在银行工作。他过去的老师想开一家公司,却缺少资金,便去问他能不能帮忙贷款。他想这是老师第一次找自己帮忙,怎么能拒绝呢。当即一口答应。可是,他毕竟刚参加工作不久,还没取得批贷款的权限,老师的贷款请求又不完全合乎规章。所以,当老师租好门面,请好员工,等着资金开业时,他这里却批不下贷款。老师大怒,责备他说:"你这不是捉弄我吗?你即使不想帮我,也不该害我!"

有些人是不好意思拒绝别人而向他人承诺,而有些人则喜欢胡乱吹嘘自己的能力,随随便便向别人夸下海口,承诺自己根本办不到的事情。结果不但事情没有办成,自己的人缘也搞臭了。

某厂职工小方,经常向同事炫耀自己在市房管所有熟人,能办房产证,而且花钱少、办事快。开始人们还信以为真,有些急于办理房产证的同事便交钱相托,但时过多日,不见回音,问到小方,他说:"近来人家事儿太多,再等等。"拖得时间长了,同事们对他的办事能力产生怀疑,便向他要钱,他找理由说:"谋事在人,成事在天。懂不懂?你的事儿虽然没办成,可我该跑的跑了,该请的请了,你不能让我为你掏腰包吧?"言下之意,钱没了。

从此以后,小方的话再也没人信了,以至于人们在闲暇聊天时,只要小方往人群里一站,大伙好像有一种默契似的,始而缄默不语,继而纷纷散去。

既然许下诺言,无论刀山火海都不能反悔——你不能言而无信。

所以,不轻易向人许诺你可能办不到的事,这是不失信于人的最好方法。要获得守信的形象并不容易。最要紧的一条是:别答应你无法兑现的事。这不仅是一个主观上愿不愿意守信的问题,也是一个有无能力兑现的问题。一个人经常答应自己无力完成的事,当然会使别人一次又一次失望了。

一个商人临死前告诫自己的儿子:"你要想在生意上成功,一定要记住两点:守信和聪明。"

"那么什么叫守信呢?"儿子问。

"如果你与别人签订了一份合同,而签字之后你才发现你将因为这份合同而倾家荡产,那么你也得照约履行。"

"那么什么叫聪明呢?"

"不要签订这份合同。"

将守信理解为一种品德,较难坚持。将它理解为一种回报率很高的长期投资,则比较容易变成一种自觉的行动。当你有了一个守信用的形象时,会获得越来越多人的信任,因而带来越来越多的机会。这就好似拥有了一座金矿。反之,缺此一条,别的方面再优秀,也难成大器。

7.永远别说"你错了"

当我们犯了错误时,并非意识不到,只是顽固地不肯承认而已。所以,当你对一个人说"你错了"时,必然撞在他固执的墙上。

没有几个人具有逻辑性思考的能力。我们多数人都具有武断、固执、嫉妒、猜忌、恐惧和傲慢等缺点,所以我们很难向别人承认自己错了。

而且,一个人说错话或者做错事,总是有原因的,所以我们即使明知自己错了,也会强调客观原因,认为错得有理。

有一位先生,请一位室内设计师为他的居所布置一些窗帘。当账单送来时,他大吃一惊,意识到在价钱上吃了很大的亏。

过了几天,一位朋友来看他,问起那些窗帘时,说:"什么?太过分了。我看他占了你的便宜。"

这位先生却不肯承认自己做了一桩错误的交易,他辩解说:"一分钱一分货,贵有贵的价值,你不可能用便宜的价钱买到高品质又有艺术品味的东西……"

结果,他们为此事争论了一个下午,最后不欢而散。

当我们不愿承认自己错了的时候,完全是情绪作用,跟事情本身已经没有关系。当我们错的时候,也许会对自己承认。

如果对方处理得很巧妙而且和善可亲，我们也会对别人承认，甚至为自己的坦白直率而自豪。但如果有人想把难以下咽的事实硬塞进我们的食道，那我们是绝不肯接受的。

既然我们自己是这种习性，那么就可以理解别人也具有同样的习性，因此不要把所谓"正确"硬塞给他。

有一位汽车代理商，在处理顾客的抱怨时，常常冷酷无情，从不肯承认是自己这方面的错误，总想证明问题的根源在顾客那边。结果，他每天陷于争吵和官司纠纷中，心情一天比一天坏，生意也大不如以前。

后来，他改变了处理客户抱怨的办法。当顾客投诉时，他首先说："我们确实犯了不少错误，真是不好意思。关于你的车子，我们有什么做得不合理的地方，请你告诉我。"这个办法很快使顾客解除武装，由情绪对抗变成理智协商，于是事情就容易解决了。如此一来，这位代理商就能轻松地处理每一件事情，生意也越来越好。

当我们说对方错了的时候，他的反应常让我们头疼，而当我们承认自己也错了时，就绝不会有这样的麻烦。这样做，不但会避免所有的争执，而且可以使对方跟你一样地宽宏大度，承认他也可能弄错。

正如罗宾森教授在他的《下决心的过程》中所说：

"我们有时会在毫无抗拒或热情淹没的情形下改变自己的想法，但是如果有人说我们错了，反而会使我们迁怒对方，更固执己见。我们会毫无根据地形成自己的想法，但如果有人不同意我们的想法时，反而会全心全意维护我们的想法。显然不是那些想法对我们珍贵，而是我们的自尊心受到了威胁……'我的'这个简单的词,是做人处世的关系中最重要的,妥善运用这两个字才是智慧之源。不论说'我的'晚餐,'我的'狗,'我的'房子,'我的'父亲,'我的'国家或'我的'上帝,都具备相同的力量。我们不但不喜欢说我的表不准,或我的车太破旧,也讨厌别人纠正我们对火车的知识……我们愿意继续相信以往惯于相信的事,而如果我们所相信的事遭到了怀疑,我们就会找借口为自己的信念辩护。结果呢,多数我们所谓的推理,变成找借口来继续相信我们早已相信的事物。"

不要对别人的错误过于敏感,不要执着于所谓正确的意见,不要轻易刺激任何人。如果你要使别人同意你,应当牢记的一句话就是:"尊重别人的意见,永远别说'你错了'。"

8.不揭他人之短,不探他人之秘

"逆鳞"一说可能许多人并不太了解。逆鳞位于龙喉下直径一尺的地方,传说中龙的身上只有这一处的鳞是倒长的,无论是谁触摸到这一位置,都会被激怒的龙杀掉。

人也是如此,无论一个人的出身、地位、权势、风度多么过人，都有不能被别人言及、不能被冒犯的角落，这个角落就是人的"逆鳞"。

因为人人都有各自不同的成长经历，都有自己的缺陷、弱点，也许是生理上的，也许是隐藏在内心深处不堪回首的经历，这些都是他们不愿提及的伤疤，是他们在社交场合想要极力隐藏和回避的问题。被击中痛处，对任何人来说，都不是一件愉快的事。无论什么人，只要你触及了这块伤疤，他都会采取一定的方法进行反击，从而获求一种心理上的平衡。

揭短，有时是故意的，那是互相敌视的双方用来攻击对方的武器。揭短，有时又是无意的，那是因为某种原因一不小心犯了对方的忌讳。但是总体来说，有心也好，无意也罢，在待人处世中揭人之短都会伤害对方的自尊，轻则影响双方的感情，重则导致人际关系紧张。

张小姐是某机关办公室文员，她性格内向，不太爱说话。可每当别人就某件事情征求她的意见时，她说出来的话总是很"刺"，而且她的话总是在揭别人的短。

有一回，自己部门的同事穿了件新衣服，别人都称赞"漂亮"、"合适"，可张小姐却说："你身材太胖，不适合。"甚至还说："这颜色真艳，只有街头早锻炼的老太太才这样穿。"

这话一出口，便使得当事人很生气，而且周围大赞衣服如何如何好的人也很尴尬。

虽然有时张小姐会为自己说出的话不招人喜欢而后悔，可很多时候，她照样说特让人接受不了的话。久而久之，同事们把她排除在团体之外，很少就某件事去征求她的意见。

尽管这样，如果偶然需要听听她的意见时，她还是管不住自己，又把别人最不爱听的话给说出来了。

现在在公司里几乎没有人主动答理她，张小姐自然明白大家不答理她的原因。

我们常说瘸子面前不说短、胖子面前不提肥、"东施"面前不言丑，对让人失意的事应尽量避而不谈。避讳不仅是处理人际关系的技巧问题，更是对待朋友的态度问题。尊重他人就是尊重自己。

通常情况下，人在吵架时最容易暴露缺点。无论是挑起事端的一方还是另一方，都是因为看到了对方的缺点并产生了敌意，敌意的表露使双方关系恶化，进而发生争吵。争吵中，双方在众人面前互相揭短，使各自的缺点都暴露在大庭广众之下，无论对哪一方来说都是不小的损失。

某公司的一个部门里有两个职员，工作能力难分伯仲，互为竞争对手，谁会先升任科长是部门内十分关心的话题。这两个人的竞争意识也很强烈，凡事都要对着干。快到人事变动时，他们的矛盾已激化到了不可收拾的地步，好几次互相指责，揭对方的短。科长及同事们怎么劝也无济于事。结果，两人都没有被提升，科长的职位被部门其他的同事获得了。因为他们在争执中互相揭短，在众人面前暴露了各自的缺点，让上级认为两人都不够资格提升。

《菜根谭》中有句话："不揭他人之短，不探他人之秘，不思他人之旧过，则可以此养德疏害。"做大事的人，不会冒冒失失地挑起争端，反而会做好表面文章，让对方觉得你对他是富有好感，凡事为他着想的。

任何一个人都是既可以成为敌人也可成为朋友的，而多一些朋友总比四面树敌要好。把潜在的对手转化为自己的朋友，这才是最好的办法。

打人不打脸，骂人不揭短。言论自由的现代社会，人们一样也有忌讳心理，有自己与人交往所不能提及的"禁区"。在办公室中，那种当面揭短的话更是不能说，这样不但会使同事之间的关系恶化，还可能造成更为严重的后果。

但事实是，有些人认识到揭短的害处，甚至会奉劝自己的朋友，自己却在行为上不能克制。只能提醒别人而不能提醒自己，这同样是很危险的。

在一座小城里，有一个老太太每天都会坐在马路边望着不远处的一堵高墙，她总觉得它马上就要倒塌，很危险。于是见有人向那里走过去，她就善意地提醒："那堵墙要倒塌了，远着点走吧。"

被提醒的人不解地看着她，大模大样地顺着墙根走过去了，但那堵墙并没有倒塌。老太太很生气："怎么不听我的话呢！"

接下来的三天，她仍然在提醒着别人，但许多人都从墙根走过去了，也没有遇到危险。

第四天,老太太感到有些奇怪,又有些失望:"它怎么没有倒呢? 明明看着要倒的啊。"

她不由自主地走到墙根下仔细观望,然而就在此时,墙终于倒塌了,老太太被淹没在石砖当中,当场气绝身亡。

——为什么我们不能在提醒别人的时候也提醒自己呢?

提醒自己给别人留点余地、给别人留点尊严。每个人都有不足的地方,容许别人的不足,也是对自己的宽恕,因为世界上没有完人,包括自己。

第四章

你若懂我那该多好，
你不懂我听我就好

说得越多，了解别人的机会就越少。只有让对方多说，了解他的机会才会越多。

. . . . . .

1.说得越多,了解别人的机会就越少

希腊斯多葛派哲人芝诺说:"我们之所以长着两只耳朵一张嘴,是为了多听少说。"当一个青年向他滔滔不绝地说话时,他打断说:"你的耳朵掉下来变成舌头了。"

确实有许多能言会道的人,他们的嘴是身上最发达的器官,无论走到哪里,嘴巴是身上最锋利的武器。他们只想表达自己,却很少有心情倾听他人。虽然他们算得上一等一的"话痨",和别人交流的机会也非常多,但他们并不了解别人,人缘一般。他们说得越多,了解别人的机会就越少。

只有让对方多说,了解他的机会才会越多。而越了解一个人,你就越能赢得他的好感,他就越愿意与你打交道。

纽约大学的社会学专家达尼尔格兰做过这样一个实验:他把每三个女大学生分成一组,每一组由两名同校女大学生和一名外校女大学生组成,让她们进行十分钟的交谈。在这个谈话过程中,因为三人中有两人是同一所大学的,所以大

家谈话的时候就会忽视另外一名。结果，正常对话的同校女大学生在交流中使用的重音占谈话的11%，而被忽视的那名外校女大学生的对话重音达到了41%。而且在这些被忽视的外校女大学生中，也就是重音使用频繁41%的女大学生中，有一半人感到自己性格内向。

这个实验说明，当两个同校女生毫不顾忌地说话时，会夺走另一个外校女生的发言权，导致她因内心不舒服而出现说话声音增大的现象，这表明她产生了一种消极的情绪。因此，从今以后，与人聊天时，别只顾着自己说，也要问问别人："你是怎么认为的？"多听别人说，引导别人多说，才是有效的沟通之道。

当年日本著名的销售员原一平做保险销售的时候，拜访一个建筑企业的董事长渡边先生。渡边一见到原一平就下了逐客令。原一平并没有就此退却，他诚恳地问渡边先生："渡边先生，咱俩年龄差不多，为什么你如此成功呢？能告诉我原因吗？"

渡边先生见原一平求知若渴，想学习自己的成功经验，就不好意思再回绝他，接着，他就讲述了自己的成功历程。没想到一聊就是半天，而原一平始终在认真地听着，并在适当的时候提了一些问题，以示请教。最后的结果可想而知，原一平拿下了渡边建筑公司的所有保单。

所以，征服人心其实很简单，不当话痨，把话语权多给别人一些，你就拥有了更多成功的可能。

　　这日，刚工作不久的兰兰在一个小店里买了一条连衣裙，但不久她发现衣服起褶的厉害，于是，她拿着裙子来小店退换。她想跟售货员说说事情的经过，但售货员总是打断她说话。"我们卖了几十件这样的裙子了，您是第一个找上门来抱怨衣服起褶的人。"兰兰听了很生气，二人因此吵了起来。

　　正在此时，老板娘来了。她很内行，她向兰兰询问事情经过。兰兰说话的时候，她一句话没讲，很安静地听兰兰把话讲完。之后，她也听了听自家售货员的观点。听完后，她就开始反驳售货员，并帮兰兰说话。她不仅指出了裙子起褶的问题，还强调说店里不应当出售使顾客不满意的货品，应该立即退回厂家。当然，她也承认她不知道裙子为什么出现问题，"您想怎么处理？我尊重您的意见。"她对兰兰说。

　　兰兰仍旧要求退货，她爽快地答应了。兰兰觉得心里有一丝愧疚，就换买另一条裙子了。之后，兰兰完全信任了这家小店，她也成为小店的常客。

　　只有很好地倾听别人，才能构建稳定的人际关系。凡是高明的谈话者，都有着很好的倾听素质。他们在听别人说话的过程中，能够体察别人的感情，体谅别人的难处，宽恕别人的错误，容忍别人的缺点；他们有耐心，能够长时间地听取别人零乱、不成熟，甚至是语无伦次的谈话；他们还拥有一颗谦虚的心，一颗吸收性强的学习心，他们能够从别人的谈话中找到要害，能够用别人的思想来提升自己；他们又都是有趣的人，偶尔听到别人说出有趣的话，就会会心一笑，当别人讲出一些经典话语时，就连连点头。由于具备这种素质，高明的谈话者往往能深刻洞察别人的心思，他说出口的话也就能深入对方内心。

2.世界上不可能有"感同身受"这回事

一个人了解另一个人是很难的一件事，这就像我们在为自己的未来奋斗，在憧憬着今年能拿到多少钱，过两年投资点什么，但我们很难分心去想某个地方有人因缺少食物而瘦得皮包骨头，也很难了解那些刚刚遭遇地震、台风的人们，他们的心怎样被痛苦侵蚀。

卡卡总是觉得自己是一个很会安慰别人的人，每次朋友向他倾诉内心的委屈时，他都会说"我明白你的难处""我知道你很倒霉""我晓得"，然后他也开始说自己，告诉朋友自己最近工作不太顺利，追女孩还没有追上。到了最后，他们之间是各说各的，各有各的心事。事实上，朋友并不认为卡卡了解自己，而卡卡也不觉得朋友能听得进他的话。而且，朋友认为卡卡"根本不可能了解我的委屈，他是站着说话不腰疼，只不过在敷衍罢了"。

不痛不痒地说"我懂你的委屈",不如感同身受地去倾听对方,做一个好的听众。

规则一:在听对方说话的过程中,要始终保持一种积极的态度,这样可以营造良好的交谈气氛。对方越能感受到你的倾听兴趣,他就越能准确表达自己的想法。相反,如果你在倾听的时候表现出消极态度,总是动不动就说"我知道""我懂了"之类不耐烦的话,对方就会很伤心,进而也不想和你继续交谈了。

规则二:全身心注意倾听。别人同你说话的时候,你要面向说话者,同他保持目光的亲密接触,同时注意姿态和手势,无论你是坐着还是站着,都要与对方保持最适宜的距离。

规则三:以相应的行动回答对方的问题。对方与你交谈是想得到某种可感的信息,或者迫使你做某件事情使你改变观点,或者渴望得到你的安慰理解等。这时,你要采取适当的行动,比如对方和你聊到他遇到工作瓶颈,如果有好的建议尽管告诉他,如果有能帮他的书籍或者工具也可以提供给他。这也是最好的回答方式。

规则四:倾听的时候,感同身受表示理解。这包括理解对方的语言和情感,把自己假设为对方,站在对方的角度体会他的内心感情。

规则五:不要不懂装懂,没听见装作听见,也别逃避交谈的责任。作为一个倾听者,不管在什么情况下,如果你不明白对方说的是什么意思,你就应该让他知道你没听明白。永远别不懂装懂,那样早晚会被人识破。

规则六:要观察对方的表情。交谈很多时候是通过非语言方式进行的,那么,你不仅要认真听,还要注意对方的表情变化。比如看对方的眼神、说话的语气及音调和语速的变化等,同时还要注意对方与你的距离,这有助于你更好地倾听对方。

在倾听对方说话的同时,还有几个方面需要注意:

首先,别提太多的问题。问题提得太多,容易造成对方思维混乱,说话时注意力不集中。

其次,不要在别人说话的时候神游。有的人听别人说话时,习惯考虑与谈话无关的事情,对方问他话的时候,他会不知所云,想不起对方刚才说了些什么,这样彼此交流就变得困难。

最后,别匆忙下结论。别人说话的时候,不管你是表示赞许还是反对,都不要急着说出来,不经过认真思考的判断和评价,容易让对方陷入防御状态,造成彼此间交际的隔阂。

3.最好不插嘴,即便插嘴也要讲艺术

每个人都会有情不自禁地表达自己内心想法的冲动。当你看到你的朋友和另外不认识的人聊得起劲时,可能你会产生参与其中的想法。但是如果在他人说话的时候,不顾当事人的感受,不分场合与时机,随便插嘴抢话,这不仅扰乱了谈话人的思路,还会引起对方的不快,有时甚至会产生不必要的误会。更糟的是,也许他们正商议某件非常重要的事情,因为你的加入,使他们无法集中思想谈下去。或许他们正在热烈讨论,苦苦思索解决一个难题,由于你的插话,他们思维卡壳,忘了刚才的话,导致一场失败的讨论。

这天,刚开贸易公司不久的江涛和几个客户在办公室里谈生意,谈得差不多的时候,江涛的一位朋友来了。这位朋友平时就大大咧咧,他以为这几个客户是来找江涛闲谈的人,于是不问缘由,就开始插话:"哇,我刚才坐地铁的时候,看见一个老头和一个年轻人因为座位发生争执……"江涛给他使了个眼色,示意他不要说,但他却说得津津有味。江涛告诉他:"这几个是我的新客户,我们正在谈生意。"这位朋友顿感尴尬,借口去洗手间,悻悻地离开办公室。

"刚才说到哪里了?"几个人想继续刚才的话题。可刚出去的这个朋友觉得挺失礼的,又回来向人家道歉。于是再次走进江涛办公室,左一个"对不起",右一个"对不起",然后又开始啰嗦自己刚才的话。

客户见谈生意的事被打乱,就对江涛说:"你今天先和朋友聊吧,我们改天再来拜访。"客户说完就走了。不多久,江涛再次邀请这几位客户时,人家已经把订单给了别的厂家了。

如果没有这个朋友过来插话,江涛可能早就做成这笔生意了。这件事后，江涛很长一段时间都不想理会这个朋友。

随便打断别人说话或中途插话，不仅有失礼貌，而且往往在不经意之间就破坏了自己的关系网。要获得好人缘，要想让别人喜欢你，万万不可在别人说话时随便插嘴。

当你想插话时，请提醒自己耐心再耐心，至少听完对方的话再发表观点。

心理学上有个名词叫做"心理定势"。即当一个人心里有事或有想表达的话题时，他就会启动其心理定势准备讲话，直到他把事情全部说完，才会转而倾听别人的话语。所以，你要想让别人倾听你，首先必须做到不随便打断别人说话，也不随便插话，学会耐心听对方讲话。这么一来，对方会有一种你很注意听他说话的感觉，认为你尊重他的意见，等他说完之后，他理所当然想听听你的想法。

如果你要发表观点，最好能做到即便观点遭到反对，或某人要发牢骚时，也耐心地听对方把话讲完，并询问对方是否还有别的什么事情要说。这样做就消除了对方的抵触情绪，使他意识到你对他的观点感兴趣。

如果实在是想插话，最好这样做。

当对方担心你对他的话题不感兴趣，显露出犹豫、为难的神情时，你可以趁机插入一两句话，让对方知道你在听，并且喜欢他的谈话。你可以说诸如"我对你说的话题十分感兴趣""你能谈谈那件事吗？我想多了解一些""请你继续说，很有意思"。一旦你向对方传达一种"我愿意听你说话"的意思后，对方会更喜欢和你交谈。

当对方在叙述中加入过多的主观情感，甚至不能控制自己的情绪时，你可以用一两句话来疏导，诸如"你一定很生气""你看起来很烦躁""你心里很难受吧"。对方听到你说这些话后可能会发泄一番，因为，这些话的目的就是诱导对方把心中那些不良情感表达出来。当对方发泄一番后，会感到轻松、解脱，也更想继续聊下去。

4.有时候沉默的确是金

如今，沉默似乎是一件消极的事情，是谈话的大忌。人们每每聚在一起，都想方设法地发出点声音。比如说你去亲戚朋友家做客，一般情况下，大家会第一时间打开电视，或边聊天边看，或干脆沉浸电视之中，倾听电视"说话"，被电视节目控制着。电视上的某个节目大骂演艺圈，大家也跟着骂两句；电视上某个热门剩女栏目闹点笑话，大家就跟着笑几声。几个小时下来，看似气氛不沉闷，可是大家真正交流的时间没多少。再亲近的朋友与亲戚，都不可能每分每秒喋喋不休讲个不停。不讲话时，会有一段时间很沉默。但沉默未必是坏事，适度的沉默，不但不会令谈话降温，还能使彼此的交流更顺畅。

沉默是一种无声的语言，并不是所有的对话都在持续状态才有意义。一般来说，一个人如果重复并且长时间听一个话题，注意力就会逐渐分散，厌烦对方的谈话，可能导致"你说你的，反正我走神你也不知道"的局面产生。这样的对话看似在进行，实际上却在受阻。因此，一旦遇到这种情况，突然的沉默就能发挥作用了。谈话者可以突然沉默不语，这样听者自然就会把注意力转移到他身上。

倾听者也可以利用突然沉默这一策略打断对方的谈话，引出自己想谈的话题。这样既能使谈话的人反省，又不伤害他的自尊。比如在办公室，你的一位同事已经告诉你好几次他的一件事，你已经听得耳朵起茧了。但作为同事，遇到这种情况，你不能直接对他说"你已经说了好多遍这件事了"，这样做会伤害他的自尊。如果继续听下去，你的心情真的不太好。因此，当他滔滔不绝时，你不妨突然沉默不做任何回应，让他自觉停止谈话，然后你再趁机巧妙转移话题。

突然沉默之所以能终止那些让你感到厌烦的话题，是因为你的沉默让对方感到意外，他会在心里嘀咕："为什么这人一点反应都没有？是在想别的，还是不想听我的？"带着这样的疑问，对方不得不停下他喋喋不休的说辞，想办法找些你喜欢的话题来说。

有时候沉默的确是金，更是一种倾听的技巧与智慧。沉默在一定程度上甚至具有恭维效果。

张磊与孙谦同是一家大型文化传播公司的策划，两人的项目设计均思维缜密、创意十足。按理说他们的水平旗鼓相当，在公司也应是平分秋色，但偏偏张磊被提拔为策划经理。

孙谦不能接受的是,每次讨论他的策划方案,大伙都提不出什么意见来。偶尔有人说点什么,孙谦都据理力争,直到让对方哑口无言,虽然大家都认为他说得有理,但感觉他太过偏执。特别是有时总监极有风度地点拨他策划案中的某些缺陷时,孙谦显得很欠沉稳,每次都要把总监辩倒才罢休,总监觉得孙谦不给他面子。

相比之下,张磊就特别平易近人,讨论他的策划案时,他通常不辩解什么,大部分时间都在沉默。无论是领导还是同事,不管是水平高的还是水平低的,都可以畅所欲言。张磊谦虚豁达,从善如流,他对每个人的意见都详细记录。即使有时候觉得别人是错的,他也会时不时保持沉默,洗耳恭听。最后,修改过的策划书必定是既融汇百川,又以最高层的意见为主线,从而达到最好的效果。为此,公司里的领导和同事都愿意为他的策划案提出自己的看法。

等张磊和孙谦都想竞聘策划经理的时候,大家几乎是不约而同地投了张磊的票,而孙谦则愤然跳槽。过了两年,听说孙谦再次跳槽,而张磊则春风得意马蹄疾,已经是策划总监了。

有时候争辩、抢夺别人的话让人觉得得不到尊重,觉得你不喜欢倾听他,这并不能给你带来什么好处。而适当的沉默则是一种倾听智慧,它在帮你赢得人缘的同时,也能征服所有人的心。

5.注意听他的说话速度

当一个人面对爱恋已久的对象时往往说话磕磕绊绊,不知所云。这是人在试图表现出最好的一面,给对方留下好印象的表现,而越在意的事情往往就越紧张,一紧张"大脑就会一片空白"。这种情况,因为紧张,头脑就不能准确地形成外在的语言表征。反过来,观察一个人的语言表征如语速的快慢等也为我们提供了一个直接判断他人个性特征的依据。俗话说:心直口快。一般内心直率的人不会为了一句话而深思熟虑,而一个内向的人因为有自卑的心理存在而语速相当缓慢,总是害怕出现什么差错而显得自身的懦弱无知。

L是个口才很好又幽默风趣的人,同事们都特别喜欢跟他在一起,因为有他的地方就有笑声。但是L也有自己的烦恼,那就是一旦自己暗恋的美女同事S在场,他就会思维迟钝、说不出话。如果恰好S正在看他,他就更会面红耳赤、不知所云,甚至连最基本的逻辑和语速都跟不上了。每次他想在S面前一展自己的幽默天分,以期获得她的好感,结果总是适得其反。对于自己屡屡的"临阵怯场",L真是郁闷透了。

说话速度很快的人,一般性情直率、精力充沛,同时可能有点自我和固执。相反,说话速度很慢的人则往往老实厚道、行事谨慎,有时甚至有谨小慎微和过于敏感之嫌。若说话速度突然由快变慢或由慢变快,则表示说话者的内心正在起着变化。

一个企业的招聘官员问了一个较专业的问题。其中一个求职者是刚大学毕业的学生,因为专业能力缺失、应变能力不足说话吞吞吐吐,而另一个说话速度很快,利索地回答完毕。结果怎样?两个都没有被录用。

为什么?心理学研究表明:当一个人内心有不安或者有恐惧情绪时,会造成思维缓慢,而思维缓慢会造成截然相反的两种语言表征:结巴或者说话飞快不经大脑。这都是意图掩盖自身的不安与恐惧情绪所造成的。由此看来,两个求职者都不令人满意,是因为他们的表现都暴露了他们微弱的专业能力。当然只看说话速度不看说话的内容会造成片面的判断,天生说话速度缓慢等情况也有很多。

既然人们的说话速度会随着自己想要表达的情感和心情状态而发生变化,那我们就可以由说话速度的变化洞悉说话者的心理变化,揣摩探知他的心理状态。具体说来,有以下两种情况:

说话速度突然变慢

如果一个人平常说话速度很快、口若悬河,可某一刻突然支支吾吾、前言不搭后语,则很可能是对方触及了他的一些短处、弱点甚至是错误,要不就是他有事瞒着对方。说话速度的减慢反映了他底气不足、心虚、卑怯的内心状态。

但如果是正在读一篇文辞十分优美的抒情散文，或者是在回忆某件美好的事情时，则人们说话速度的舒缓、悠扬只是在体现他对美的感受。

说话速度突然变快

如果一个人平常说话慢慢悠悠、从不着急，而在某一时刻忽然高声又较快速地说话，甚至很急迫地进行反驳，那么很可能是对方说了一些对他十分不利并且是无端诽谤的话，语速的加快表达了他内心的不满、着急和委屈。

但如果是正在读一篇富有激情的战斗檄文，或者发表慷慨激昂的演说时，人们加快说话的速度则只是为了表达自己内心强烈的情绪。

此外，如果不属于上述两种情况，平常说话慢者突然提高声音、加快速度，或者平常说话快者突然放慢时，则表明他们是想强调正在说的内容，希望通过语速的变化引起别人的注意。如果是在辩论会上，这种情况则属于一种"挫对方锐气，增自身信心"的策略。

6.假如他的嘴巴不说话，则他会用指尖说话

与言语交流不同，我们的身体动作更多是不受意识控制的，是我们无意识的反应。正如弗洛伊德所说，"没有人可以隐

藏秘密,假如他的嘴巴不说话,则他会用指尖说话。"

乔箐是一家建筑公司的业务经理,最近在和一家公司进行工程谈判时,遇到了一位难以捉摸的老板。

这位老板一味地要求降低价格,并且不断威胁乔箐说,如果不降低价格的话,就与另一家公司合作。乔箐有点沉不住气了,现在的建筑行业竞争太激烈,能够遇到这样一个上千万元的大单实在不容易,如果不降价,最后这笔生意黄了,对于公司而言会是一个莫大的损失。但是一同参与谈判的公司老板却好像是铁了心,坚决不降价,不仅如此,还摆出一副爱搭不理的样子。

出乎乔箐意料的是,最后这笔生意竟然谈下来了。

在事后的庆功宴上,乔箐冲着老板竖起大拇指:"您真是有胆量,这么大的单子竟然能下得了如此狠心。"

老板笑眯眯地说:"这不是我敢赌,如果做生意靠赌的话,再大的生意也得亏完了。"

乔箐很奇怪地问老板:"那您是凭什么断定对方会采纳我们的方案呢?难道您有内线不成?"

老板嘿嘿一笑:"小乔啊,做生意要与时俱进,我用的内线就是对方老板的身体,换句话说,就是下意识的小动作!"

看着乔箐一副疑惑的样子,老板拍了拍乔箐的肩膀说:"当初第一次谈判的时候,我就仔细观察对方查看我们的方案时的反应。对方老板看我们的方案时,眼睛变得越来越亮。我就断定,对方对我们的方案很感兴趣。在随后的交谈中,对方老板虽然每次都在告诉我们，我们竞争对手的质量如何好、价格如何低廉，但是我发现对方每次提到这些问题时，都会不停地开始踮脚，这是一种传达厌烦的小动作，说明对方其实心中对于竞争对手的情况并不满意。当由于价格问题一直无法达成共识的时候，我适当地表现出我们要退出的意思，虽然对方表面上没有表现出害怕，但是却下意识地去摸头，这是内心恐惧的小动作，说明对方突然失去了安全感，这点就可以说明对方非常害怕失去我们这单生意。"

每个人的一生中，会一直有意无意地玩着各类肢体语言的游戏。婴儿喜欢吮吸大拇指，女人往往双臂横抱在胸前，这些常见的动作，作为一个了解小动作内涵的人，会十分明确地指出它们的真正含义。婴儿吮吸大拇指，是在寻求回到母亲怀里的安全感而做出的象征性动作。女人把双臂横抱在胸前则是一种防卫姿态。

设想你家对面有个电话亭，你只要仔细观察一下，就会发现人们在打电话时，会呈现出形形色色的肢体动作。

一个男人，正端端正正地站在电话机前，他全神贯注地听着，恭恭敬敬地说着。他的服饰一丝不苟，外套扣得整整齐齐。一望而知，他很尊重对方。可能，他正在向他的上级汇报工作，并听取对方的指示。尽管见不到对方的面，他还是像往日站在上级面前一样地郑重其事。

另一个打电话的人，姿态很轻松。他低着头，身体的重心不断地从这只脚换到那只脚,而且将下巴抵在胸前,看上去他似乎是望着地面,边听着边频频点着头,一只手却不停地用手指缠绕着电话线玩。看上去这个人很自在,但他对通话的内容显然感到索然无味,却又企图隐藏这种感情。和他通话的人可能是个很熟的人,也许是父母、妻子或者一个老朋友。

第三个人通话时,背对着电话亭的门。他耸起了肩膀,嘴紧贴着话筒小声地说着。他不愿意让人看到他脸上的表情,似乎要隐瞒什么秘密。他的左手不时地抿抿头发,挠挠耳朵,就像赴约前的整理一样。他十有八九是在和他的恋人倾诉着衷肠。

再看第四个人。他高高地耸起了风衣的领子,脖子简直要缩到肩膀里去了。他的腰微微弓着,一手紧拉着电话亭的门把手,像要阻止别人闯进来,又像立刻就要冲出电话亭去一样。他一边低声说着话,一边把目光透过低低的眼睑向来往行人窥视着,一副心怀鬼胎的样子。也许他正干着不可告人的勾当,正在向主子传递着情报。

由上可以看出,研究别人无意识的小动作是一件很有趣的事。我们来看看这些习惯性小动作如何暴露个性。

边说边笑

这种人与你交谈时你会觉得非常轻松愉快。他们大都性格开朗,对生活要求从不苛刻,懂得"知足常乐",富有人情味。感情专一,对友情、亲情特别珍惜。人缘较好,喜爱平静的生活。

掰手指节

这种人习惯于把自己的手指掰得咯嗒咯嗒地响。他们通常精力旺盛，非常健谈，喜欢钻"牛角尖"。对事业、工作环境比较挑剔，如果是他喜欢干的事，他会不计任何代价而踏实努力地去干。

腿脚抖动

这类人总是喜欢用脚或脚尖使整个腿部抖动；最明显的表现是自私，很少考虑别人，凡事从利己出发，对别人很吝啬，对自己却很大方。但是很善于思考，能经常提出一些令人意想不到的问题。

拍打头部

这个动作是表示懊悔和自我谴责。这种人对人苛刻，但对事业有一种开拓进取的精神。他们一般心直口快，为人真诚，富有同情心，愿意帮助他人，但守不住秘密。

摆弄饰物

这种人多为女性，一般都比较内向，不轻易使感情外露。他们的另一个特点是做事认真踏实，大凡有座谈会、晚会或舞会，人们都散了，但最后收拾打扫会场的总是她们。

耸肩摊手

这种动作是表示自己无所谓。这类人大都为人热情，而且诚恳，富有想象力，会创造生活，也会享受生活，他们追求的最大幸福是生活在和睦、舒畅的环境中。

常常低头

慎重派。讨厌过分激烈、轻浮的事，勤劳踏实，交朋友也很慎重。

托腮

精神旺盛,讨厌错误的事情,工作时对松懈型的合作对象会很反感。

摸弄头发

这是一个情绪化的、常常感到郁闷焦躁的人物。对流行很敏感,且忽冷忽热。

靠着某样物体

冷酷的性格,有责任感和韧性,属独自奋斗型。

四处张望

具有社交性格的乐天派,有顺应性,对什么事都有兴趣,对人有明显的好恶感。

摇头晃脑

这种人特别自信,以至于唯我独尊。他们在社交场合很会表现自己,对事业一往无前的精神常受人赞叹。

但是,要确切了解小动作背后所隐藏的"真相",我们必须了解一些规则:

第一,要正确理解对方的肢体语言,必须综合若干个动作或姿态来分析,单纯只看某一个孤立的动作,是不能作出正确判断的。

比如,你只看对方眉毛的动作,就不知道他在表达着什么么,只有把眉毛、眼睛、鼻子、嘴和脸部的表情汇聚、综合起来,才能真正洞察对方。一个个孤立的动作就像是一个个单独的汉字,望"字"生义是会出偏差的。只有把单字组成词和句子,才能明白其中的意思。

第二，小动作的表达，和一个人的心理活动有莫大的关系。

在研究某个人的小动作时，我们必须非常细心地来研究小动作发生的规律；必须了解他行动的整体条件，同时也要把行动和他的语言结合起来判断。虽然有时嘴里所表达的和小动作所表现出来的会互相矛盾，然而却也有着不可分割的联系。

7.听声辨人，聪明的耳朵能读心

人在说话时，不是动物的怒吼，也不是一种本能的释放，而是在进行一种思想交流，同时也是心理、感情和态度的流露，其中，语速的快慢、缓急能直接体现出说话人的心理状态。

因此，仔细留意一个人说话时的语速，你就能够掌握其心理状态。

《红楼梦》中"未见其人先闻其声"的王熙凤就是一个典型的研究对象。林黛玉初到贾府时，王熙凤是这样出场的：一语未了，只听后院中有人笑声，说："我来迟了，不曾迎接远客！"黛玉纳罕道："这些人个个皆敛声屏气，恭肃严整如此，这来者系谁，这样放诞无礼？"心下想时，只见一群媳妇丫鬟围拥着一个人从后房门进来。

这个人打扮与众姑娘不同,彩绣辉煌,恍若神妃仙子:头上戴着金丝八宝攒珠髻,绾着朝阳五凤挂珠钗,项上戴着赤金盘螭璎珞圈,裙边系着豆绿官绦,双衡比目玫瑰佩,身上穿着镂金百蝶穿花大红洋缎窄袄,外罩五彩缂丝石青银鼠褂,下着翡翠撒花洋绉裙。一双丹凤三角眼,两弯柳叶吊梢眉,身量苗条,体格风骚,粉面含春威不露,丹唇未起笑先闻。黛玉连忙起身接见,贾母笑道:"你不认得她,她是我们这里有名的一个泼皮破落户儿,南省俗谓作'辣子',你只叫她'凤辣子'就是了。"

这是王熙凤的"先声夺人",而这种"先声夺人"正为我们展示了一个泼辣、敢做敢当,处事得体但警觉性也非常高的"凤辣子"。可见声音大小与个人的性格有着紧密的关系,一般喜欢大嗓门滔滔不绝说话的人,是外向型性格,似乎是怕对方听不懂他的话而故意声调调高,心理隐语为:我希望你能充分理解我。这类人支配欲较强,但大都较为正直,爱打抱不平。而说话声音小的人则比较内向,不到一定的氛围,是不会把自己内心的想法说出来的,仿佛那样是在众人面前被扒光了衣服一样,让其感觉不舒服。

从说话的声音高低粗细我们可以看出一个人最基本的性格特征,比如:

尖锐高亢的声音

此类人说话时,如唢呐或者喇叭发出的声音,无所顾忌放声说话,从不在意别人在说什么,也许由于自己声音过于尖锐高亢而听不到别人在说什么。此类人比较神经质，情绪起伏不定，爱憎分明。在心理学性格分析中属"胆汁质"，浓烈而易怒。面对此类人应沉稳谨慎，表现出谦虚的态度即会获得他的好感。

温和舒缓的声音

像小提琴发出的小夜曲。如果是女士，则表明其慢条斯理的个性，渴望情感表达，会根据周围的环境来表达自己的情感，如演奏小提琴般收放自如。同小提琴跟较多乐器可以合作类似，此类人很有同情心，对于受困者绝不会坐视不理。如果是男士，如大提琴般沉稳温和，表明其诚实、忠厚的个性，同时不会趋炎附势讨好别人，更不会听风就是雨。

沙哑磁性的声音

像"箫"一样浑厚且语调绵长，正如"箫"只是一人吹奏，此类人非常独立且富有个性。一般此类人在绘画、音乐等方面具有不可多得的天赋，所以能够敏锐地捕捉艺术灵感，正因为这样也常常受人排挤，但是异性缘通常很好。对于这类人不要试图去灌输自己的思想观念，否则会让他对你有浅薄无知的印象。

粗重低沉的声音

像"大鼓"在整个演出中的节奏掌控一样，此类人粗重低沉的声音也具有领导者的风范，性格乐善好施富有正义感，容易得到他人的信赖，交际范围甚广。如果是男士，随着岁数的增长，会更加受到重视，因而较会获得事业上的成功。

黏人甜腻的声音

长时间听这类声音会产生不舒服感,所以没有一种乐器发出这类声音。女士发出"嗲嗲"的声音是想得到对方的喜爱,但是殊不知过多的黏腻会让人感觉不舒服。如果有男士发出这样的声音,那么也许他的父母从小把他当女孩养了,造成他优柔寡断、顾影自怜的女性性格。

8.用心听出弦外之音

有的人说话很隐晦,一句话可能有很多种意义,遇到这样的情况,你就要察觉其中隐含的讯息,如此才能摸透对方的心思。

有人走进你的办公室,然后对你说道:"我快要累死了!昨天、前天和大前天晚上,我都加班到十点钟才回家,我真的是累坏了!"你身为经理,听了那个人说的话,你必须找出其中隐含的讯息,这是你应该做到的。

那个人想要传达的心思可能是这样的:"我实在需要别人帮忙,我知道公司雇用我做这个工作,是希望我自己一个人做,我担心的是,如果我对你说我需要帮忙,你会认为我没有做好工作,所以,我不想直接说出来,我只是告诉你,我现在的工作分量太重了。"

另一个隐含的讯息可能是这样的："上一次你评估我工作成效的时候，提起工作态度的问题来，并且还说希望每个人都更加努力工作，现在我只是想让你知道，我正在照着你的指示去做。"

也有可能这个隐含的讯息是："我有点担心，怕保不住工作，遭到公司辞退，所以我希望你知道，我是个多么恪尽职责的职员。"

可能还有一个隐含的讯息是："我希望你拍拍我的肩膀，希望你这位上级主管对我说：'我知道你工作很努力，我非常欣赏你的工作态度。'"

你应该能找出来"我实在是快累死了"这句话背后代表的意思。

那么，与人谈话时，如何才能更好地摸透说话者的心思呢？

一是听声。同一句话，用不同的声调表达出来，其含义就不一样，有时甚至完全相反。听声就是通过发现声调中的异常因素，做出辨析，抓住隐含其中的心思。

比如说"好啊！他行！他真行！"这句话。如果说话者说这句话时，语气上扬，听者便能感觉出这是在赞扬某人。但如果说话者刻意压低语调，刻意拖长"行"，"真行"，那意思就刚好相反了，那就表示说话者对某人的严重不满，而这种不满情绪尽在言语之外。

很多情况下，同样一个意思，可以用肯定句、否定句、感叹句、假设句、反意句等许许多多的形式表达，可能不同的形式就表达不同的意思，这就需要结合语境仔细辨析了。

二是辨义，说话者总是从一定的角度来表达他的思想。辨义主要是抓住说话角度这个关键，发现其中的异常因素，从而看清他的真正意图。

人们对于不好明说的事情，经常会换个角度含蓄地表达出来，而这个角度的改变其实都没有脱离具体的场合，所以你不要以为对方跑题，只要你结合场合来分析对方说的话，就很容易悟出对方的意图。

三是观行。人们有时候碍于面子难免会说些违心的话，这个时候表现出来的就是言行不一，你只要注意观察他的具体行为，就能意会其内心的真实想法。

有些人心里不愉快，或生你气的时候，不会直接表达内心的不满，他们会绷着一张脸，用力地对你说："没什么！"或是用不耐烦的语气表示："算了！算了！不跟你计较！"一边说还一边乒乒乓乓地摔东西。即使是小孩，也看得出他们在生气！

下面几种"黑话"，你一定要听懂。

善于社交

如果有一天你跟领导出去应酬，他在客人面前夸奖你特别善于社交，你先别高兴得太早，因为那意味着你一定得在酒桌上好好表现，不将对方喝好喝倒，你可就真对不住他的夸奖了哦。

最近公司效益很不好

许多老员工恐怕都非常害怕听到这句话，因为公司的效益不好意味着可能养不活现在这么多人，裁员那一天可能已经不远了。

这人很随和

要是哪天领导说你是个随和或者好脾气的人，你可就注意了，那意味着他认为你个性软弱，容易被人欺负，准备喊你去做加班跑腿出差等等的苦差事。

可以再考虑……如果你的方案……

遭到领导这样的评价，那你还是别再考虑了，直接换方案是最好的办法，这句话的意思就是"不行"。

上级要来检查

当上司跟你讲这话的时候，别以为只要明天自己谨慎度过就可以了，最好是今天就留下来加班。

夸你幽默

别以为上司这样一句话是因为你讨好他让他心花怒放呢，因为他也许在暗示你，你在办公室讲的黄段子太多了。

最近家里面事比较多

若是哪天上司莫名其妙地来了这么一句，相信他十有八九不是在关心你的家事，而是嫌你在工作上不够努力哦！

听说你跟某某关系不错

注意了，这是怀疑你私自向其他部门透露本部门的情况，若是哪一天发现你们部门和这个部门的设计方案重合了，那么这个泄密的嫌疑人无疑就是你。

第五章

你一拍马屁所有人都坐立不安,
那不如不拍

作为一个赞美者,赞美不适度,反而会适得其反。因此,赞美别人也要讲求分寸和方法。

● ● ● ● ● ●

1.人人都需要赞美,就像人人都需要吃饭

需要赞美是人的本性,赞美具有不可替代的力量。充满真诚的赞美是取得他人信任的推进器。

一次,包拯要选一名师爷,经过笔试,包拯挑选了10个很有文采的人。第二个程序是面试,包拯把他们一个接一个叫进去。前面9个一一进去后,包拯指着自己的脸对他们说:"你看我长得怎么样?"为了讨他喜欢,面试者一个个恭维他眼如明星、眉似弯月、面色白里透红,纯粹是清官相貌,气得包拯将他们都赶了出去。第10个应试者进来了,包拯还是问相同的问题,那人做了如实回答。包拯故意假装生气。那人又说:"小人深信只有诚实的人才可靠,老爷虽相貌丑陋,但心如明镜,忠君爱国,天下人皆知包青天的美名。"这一席话说得包拯心中大喜,那人得到了他的信任与重用。

这个应聘者之所以成为10个顶呱呱的才子中的幸运者,是因为他的赞美更加有远见,充分证明了他的洞察力不一般——通过对他人真诚的赞美,由缺点到优点,最终得到他人的信任,成为赞美他人的受益者。

在现实生活中,人人都渴望受人尊重,被人赞扬。每个人都希望自己受到同事、上级、家人的认可和称赞,获得荣誉和赞赏对每个人来说都是件高兴的事。

美国第16任总统林肯说:"人人都需要赞美,你我都不例外。"被誉为"推销之神"的原一平说:"推销的秘诀在于研究人性,研究人性的关键在于了解人的需求,我发现对赞美的渴望是每个人最持久、最深层的需要。"心理学家威廉·詹姆斯说:"人性中最本质的愿望就是希望得到赞赏。"

赞美对影响他人有着一种神奇的力量。行为专家认为,赞扬是一些行为发生联系的东西,它能促使某种行为重新出现。当大脑接受到赞扬的刺激,大脑皮层形成的兴奋状态调动起各种系统的积极性,潜在的力量能动地变成了现实,行为就会发生改变。在适当的场合真诚地称赞他人,就会激起他人的志气,帮助他人建立起自尊心。一句真诚赞扬的话,有时甚至能改变一个人一生的命运。

现实生活中,每个人都曾得到过别人的赞美,每个人也都赞美过别人。赞美就像润滑剂,可以调节相互间的关系;赞美又像协奏曲,那和谐悦耳的声音让人如痴如醉;赞美犹如和煦的阳光,让人们享受到人间的温情;赞美像奋进的战鼓,给人以鼓舞和激励。人人都喜欢别人的赞美,因为这是一种精神享受，因为尊重和荣誉是人的第二生命。

人人都需要赞美，就好像人人都需要吃饭一样。没饭吃，你会产生饮食的饥渴；没有赞美，你会产生精神的失落。赞美属于精神食粮，属于满足。人人需要赞美，就好像男人需要关怀、女人需要爱怜一样。有人说，一个人活着就是为了避免惩罚或是为了得到奖赏，赞美就是对别人付出的一种报偿，赞美对人类的行为是一种激励和鼓舞，人们都会为爱的礼赞而感到兴奋不已。

赞美是一种艺术，不但需要恰当的方式加以表达，而且还要有洞察力和创造性。

一位举止优雅的妇女对一个朋友说："你今天晚上的演讲太精彩了。我情不自禁地想，你当一名律师该会是多么出色！"这位朋友听了这意想不到的评语后，像小学生似地红了脸，露出无限的感激。

任何人都会被真心诚意的赞赏所触动。哈佛大学弗尔帕斯教授经历过这样一件事：

有一年夏天，天气又闷又热，他走进拥挤的餐车去吃午饭，当服务员递给他菜单的时候，他说："今天那些炉子边烧菜的小伙子一定是够受的了。"

那位服务员听了后吃惊地看着他说："来吃饭的人不是抱怨这里的食物，便是指责这里的服务，要不就是因为车厢内闷热而大发牢骚。19年来，你是第一个对我们表示同情的人。"

古谚云："精诚所至，金石为开。"当你的赞美之辞从舌底间流出的时候,很大程度上,你的言语中包含的真诚百分百已经显露出来,并写到被赞美者的脸上,或者心中。所以只有真诚的赞美,才能使对方感到你的赞美是在发现他的优点,而不是作为一种明显的功利性手段去恭维他,从而使他自觉自愿地"打开"你所需要的"金石",或者接受你在赞美背后隐藏着的不满,从而达到赞美的最终目的。

2.要夸他,更要夸他最不为人常知的地方

各人有各人优越的地方, 至少也有他们自以为优越的地方。在其自知优越的地方, 他们就更愿意得到他人公正的评价。但在那些希望出人头地而不敢自信的地方,他们尤其喜欢得到别人的恭维。

心理学家吉斯菲尔指出:"有不少人, 他们喜欢听相反的话;更有许多的人,喜欢别人把他们当做有思想、有理智的思想家。有一回,我与一个人讨论一件颇有争议的社会问题,我对他说:'因为你是这样的冷静、敏锐,因此我想知道,我们究竟应该站在什么立场?'他听了我的话,立刻现出满面春风的样子,并详细对我说了他对此事的立场态度。原来此人是愿意人家看他是敏锐、冷静的。"

"几乎所有女人，都是很质朴的，但对仪容妖媚，她们是至深癖爱，孜孜以求的。这是她们最大的虚荣，并且常常希望别人赞美这一点。但是对那些有沉鱼落雁之容、闭月羞花之貌的倾国倾城的绝代佳人，那就要避免对她容貌的过分赞誉，因为她对于这一点已有绝对的自信。如果，你转而去称赞她的智慧、仁慈，如果她的智力恰巧不及他人，那么你的称赞，一定会令她芳心大悦，春风满面的。"

人不分男女，无论贵贱，都喜欢听合其心意的赞誉。同时，这种赞誉，能给他们加倍的能力、成就和自信的感觉。这确实是感化人的有效的方法。

要使赞扬能够奏效，我们心中就要掌握各人性情的不同之处，这样便能区别对待，有的放矢，从而达到目的，把事情办好。

一般常人身上，都有着难以察觉的闪光点，而这些正是个人价值的生动体现。而一个伟大的领导者，往往独具慧眼。大多是赞扬别人的专家。美国前总统罗斯福，在对正直人给予恰当的称赞上就很有才能。

人们听到的赞美多了，常常会对一些赞美一笑而过，并不很在意。但是如果你说出的赞美对方的话，是别人不常关注的地方，那么你的赞美一定会让对方为之一惊："原来你才是了解我的人！"因为你挖掘出了别人没有注意到的优点。

比如，一个长得非常出众的女人，每个人见了都会说："你长得真漂亮。"最初听到，她可能还会在心里有所浮动，但是，如果大家都这么说,她会觉得自己的美是大家公认的,别人这么赞美她,她觉得受之无愧,因此不会太在意。甚至,有时候她会觉得,自己的美丽反而让人们忽略了她真正的优点,她并不想被人认为是一个花瓶,因此,这种对于漂亮的赞美成了对她的讽刺。但是,如果你说她:"你是个非常有才华的人。"她会因为你这么说而非常感动:"只有你才真正明白,我的才华才是我最大的优势。"

刘薇是一个化妆品推销员,有一次,她去拜访客户林女士。林女士是个四十多岁的女人,虽然长相平平,但是特别爱打扮。刚到林女士的办公室,刘薇就看到林女士的一头短发,她说:"林姐,你的发型真不错,简单而清爽。你真会打扮自己。"林女士听了非常高兴,因为从来没有人说过她的发型好看。

于是在接下来的聊天中,他们聊得非常愉快,从工作聊到生活,然后,很自然地又聊到了美容上面,刘薇便见机把她推销的新产品推介给了林女士。

因此,有时候,我们如果赞美别人一个不被人关注的地方,更有可能赢得对方的好感。并且,在赞美的同时,可以更好地表达我们的善意,从而传达出我们的信任和情感。

赞美别人不被关注的地方,不仅会给别人出乎意料的惊喜,而且,也不让自己被怀疑是在故意奉承讨好。

当然,欣赏别人也得懂得一些技巧。具体该怎么去做呢?

一是要尽量去欣赏别人一些他自己不太自信或不被众

人所知的优点。如果一个国家级运动员和你第一次见面,你表示欣赏他的运动成绩,只会让他微微一笑,不会产生什么特别的感觉;而如果你表示欣赏他的风度和气质,他会非常高兴。

二是欣赏别人不能无中生有。如果你去赞赏对方根本没有的优点甚至是缺点,他要么会怀疑你是否在讽刺他,要么会认为你这人是个善于说假话、奉承拍马的人。

三是单独对待每个人总能给人一种被欣赏的感觉。当你到朋友家做客,朋友向你介绍了他的3个孩子后,你不是点头微笑,而是走过去同他们一一握手并问好,他们马上会对你产生好感。

3.见了什么都说好,不如不说

赞美是一门学问,是人际关系中最能打动人心的语言。许多人常犯的一些错误,如见了什么都说好,信马由缰,天花乱坠,不懂装懂,本来的赞美之言,听起来却像讽刺。作为一个赞美者,赞美不适度,反而会适得其反。因此,赞美别人也要讲求分寸和方法。

凡事要有个度,如果你过了这个度,恭维就成了讨好、巴结、拍马屁了。除了没有达到你预期的效果,更有可能适得其反。

蕾蕾是一家化妆品公司的推销员,王女士是她最优质的客户,因此她非常珍惜,并且每次在拜访的时候,都会想方设法说一些好听的话,让对方高兴。某次,她又去王女士办公室送对方订购的产品。

看到对方办公桌上有些图案她就没话找话地说:"王姐,您这办公桌真好看,还有艺术涂鸦啊!"对方瞅了她一眼,扑哧笑了,并且态度有些不大友好地说:"你的眼睛多少度啊,那是划痕。"一时间,蕾蕾感觉非常尴尬,恨不得有个地缝钻进去。之后,她再也不敢轻易说一些奉承对方的话了。

诚然,蕾蕾只是一时眼拙弄成了笑话,但是,倘若你无意间说了一些不着边的话,让对方听了会觉得你是在讽刺他,那恭维的效果就会完全变了味道。

相反,假如你说的恭维别人的话恰如其分,不但没有拍马屁的嫌疑,还让人觉得你是个会说话的人,并且也会喜欢和你搭话。

假如你和别人聊天的时候,对方说:"你的眉毛真好看,是你自己修的吗?""你说话的声音真好听。""听说你徒手抓到了小偷,你真牛!"你心里忽然感觉有些暖暖的,这便说明了你在别人面前突出了自己的优点。

一个特别爱面子的人,如果你多对他说一些恭维话,让他觉得有面子,就会心甘情愿地替你做事情。

举个例子。当你的主管讲完一句话,你马上说:"这样做最好,这真是明智的决定。"这不是拍马屁是什么?所有人都认定你是在拍马屁,连你的主管都会觉得不自在。但是,当你的主管讲完话,你稍微停一下,说:"这么一来,我所有的问题都解决了……"你这就是在恭维别人,因为你说的是事实。就算要拍马屁,也要拍得不让别人感到肉麻;你一拍马屁,所有人都坐立不安,全身发麻,那不如不拍。

审时度势,因人制宜。人的素质有高低之分,年龄有长幼之别,所以赞美要因人而异,突出区别。有特点的赞美比一般化的赞美能收到更好的效果。老年人总希望别人不忘记他"想当年"的业绩与雄风,所以同他们交谈时,可多称赞其引以为豪的过去;对年轻人不妨语气稍为夸张地赞扬他的创造才能和开拓精神;对于经商的人,可称赞他头脑灵活,生财有道;对于有地位的干部,可称赞他为国为民,廉洁清正;对于知识分子,可称赞他知识渊博、宁静淡泊……

情真意切,有理有据。虽然人都喜欢听赞美的话,但并不一定任何赞美都能使对方高兴。你若无根无据、虚情假意地赞美别人,他不仅会感到莫名其妙,更会认为你油嘴滑舌、诡诈虚伪。只有那些基于事实发自内心的赞美才能引起对方的好感。

例如,当你见到一位其貌不扬的小姐,却偏要对她说:"你真是美极了。"对方肯定认为你所说的是虚伪之极的违心之言,或是为了讽刺她。但如果你着眼于她的服饰、谈吐、举止,发现她这些方面的出众之处并真诚地赞美,她一定会欣然接受。

真诚的赞美不但会使被赞美者产生心理上的愉悦,也可以使赞美者经常能发现别人的优点,从而使其对人生持有乐观、欣赏的态度。

具体来说,赞美别人需要做到以下几点:

一要详实具体,深入细致。在日常生活中,有显赫功绩的人毕竟是少数,而大多数人都只不过是普通劳动者。因此,与人交往时应从具体的日常事件入手,善于发现对方哪怕是最微小的长处,并不失时机地予以赞美。赞美用语越详实具体,证明你对对方越了解,对他的长处和成绩越看重。让对方感到你的真挚、亲切和可信,你们之间的距离就会越来越近。如果你只是含糊其辞地赞美对方,说一些"你工作得非常出色"或者"你是一位卓越的领导"等空泛飘浮的话语,只能引起对方的猜疑,甚至产生不必要的误解和信任危机。

二要合乎时宜,适可而止。赞美的效果在于相机行事、适可而止,用一句古人的话来形容便是:"美酒饮到微醉后,好花看到半开时。"当别人正筹划做一件有意义的事时,最初的赞扬能激励他下决心做出成绩,过程中的赞扬有益于对方再接再厉,事成之后的赞扬则可以肯定成绩,为对方指出进一步的努力方向。

三是"雪中送炭"胜过"锦上添花"。俗话说:"患难见真情。"最需要赞美的不是那些早已功成名就的人,而是那些因被埋没而产生自卑感或身处逆境的人。他们平时很难听到一声赞美的话语，一旦被人当众真诚地赞美，便会为之一振，说不定还能大展宏图。因此，最有实效的赞美不是"锦上添花"，而是"雪中送炭"。

另外，赞美并不一定总用一些固定的词语，见人便说"好……"有时，投以赞许的目光、做一个夸奖的手势、送一个友好的微笑也能收到意想不到的效果。

4.小子，不请客你就别想活了

赞美是上帝的福音，是拉近人与人之间距离的融合剂。因此，人们都认为赞美必须用褒义词尽量唯美地去夸赞。其实也不完全是这样，赞美贵在自然，它要求的是一种感情的自然流露。只要你觉得能够让对方知道自己的敬佩之情，对方开心，自己也开心，那就足够了。

你的朋友得了奖状，你可以嬉皮笑脸地对他说："这么大的奖状你分我一半好不好？"也可以说："既生我，何生你。"还可以故作生气，道："你再这么风光下去，不是叫我没脸活啦？"

你的同学勤工俭学，赚了一笔钱，你可以"威胁"道："好小子，不请客你就别想活了。""哥们儿，了不起！虽然比起我还差那么一点点。"

有朋友在演讲比赛中获奖,你可以说:"你那三寸不烂之舌还挺能派用场的。"有人在田径场上荣获多项冠军,你也可以说:"你那臭脚还算灵活。"这种例子举不胜举。

上面所提到的大多用于朋友或同龄人之间,更多的是用于青年人之间。青年人性情爽朗,容易相处,这种称赞方式似乎已成为习惯。虽然有时称赞别人的同时也在委婉地夸耀自己,但这种调侃的方式很容易增进彼此的感情,大家互相理解彼此的真正含义,使友谊在无形中更加深厚。

这种俏皮的称赞方式使人显得幽默、年轻且充满活力,因此,它在各个年龄阶段都很受欢迎。

两个上班族在闲聊时,一方可以对另一方说:"你老婆真是倒霉,嫁给你这样一个拼命工作的人。"实质上,是夸对方事业有成。又或者一方称赞另一方说:"你再这么飞黄腾达,连我都要爱上你了。"或"让我女儿做你这个伟人的儿媳好不好?"

老年人之间也可以用这种俏皮话。如果是出来锻炼的两位老人相遇,甲可对乙说:"你再这么跑下去,你老伴可就要不认得你了。"其意是夸他越来越健壮、年轻。

青年人与中年人对话时,前者可对后者说:"您真是越来越厉害了。厉害得让人越来越怕您。"其实前者的意思是指后者越来越成熟老练,事业有进步而表现出对他的敬畏。这时后者也可对前者说:"你也是越来越狡猾了。狡猾得让我不得不对你另眼相看。"其中的含意非常明了,狡猾是聪明的代用词,不仅夸青年人聪明，也夸他赞人有方。

青年人、中年人与老年人交流时，也能使用此类方法，如："我还太嫩，您给指点指点吧。""姜果真还是老的辣。"

在陌生人之间，偶尔也可以通过这种俏皮话，使彼此产生好感。

大学校园生活中，常有这种事发生。A 把 B 介绍给 C 认识，A 先说："嗨，给你介绍个厉害的朋友，让他教训教训你，他的某某科成绩可是全校第一名。"C 回答："是吗，怪不得你今天看起来精神很差，是不是早被人家教训过了？"这时 B 接口："没有啦，我还希望两位仁兄能多多照顾我呢。"诸如此类。

这种赞美方法虽然能给人耳目一新的感觉，但它并不是处处都能使用。在一些很正式的场合（如会议、报告会等场所）是不适合这种称赞方法的。因此，我们在使用这种赞美方法时必须注意地点、人物、时间等因素。

另外，身体语言可成为无声胜有声的赞美。所以，我们要学会用眼神和表情等身体语言去赞美别人。

《红楼梦》里有这么一段文字：

"这熙凤携着黛玉的手，上下细细打量了一回，仍送到贾母身边坐下，因笑道：'天下真有这样标致的人物，我今儿才算见了！况且这通身的气派，竟不像老祖宗的外孙女儿，竟是个嫡亲的孙女，怨不得老祖宗天天口头心头一时不忘。只可怜我妹妹这样命苦,怎么姑妈偏就去世了!'说罢便用帕拭泪。"当贾母笑着让她别再提及那些伤心话题时,"这熙凤听了,忙转悲为喜道:'正是呢!我一见了妹妹,一心都在她身上了,又是喜欢,又是伤心,竟忘记了老祖宗。该打,该打!'又携着黛玉之手,吁长问短,吩咐婆子们去准备房间。"

"熙凤携着黛玉的手",可见其认真、亲切,也是一种欣赏的方式;"上下细细打量了一回","用帕拭泪",则极生动地展示了熙凤对"妹妹"的疼爱。

有了动作,语言将变得更有力度。比如,领导说"你生产的产品不错"和领导拿着产品仔细端详着说"嗯,真的不错",这两种话语的效果是不一样的,前者较为平淡,后者则更欣赏、更重视。

职棒教练迎接胜利投手时,通常使用握手及拍屁股的方式;迎接击出全垒打的队友则多采用捶头的方式。可见,多用动作、手势,可以使你的语言更丰富多彩,更有感染力。

眼神的力量非常大,嘴上虽然不说,但嘴角的微笑就如同赞美"做得好"。这种赞美的方法,可让对方感动,常会感到"辛苦有了回报"的满足。

5.记住他的名字，是对他最巧妙的赞美

记住对方的名字，在商业界和社交上都很重要。记住对方的名字并把它叫出来，等于给对方一个很巧妙的赞美。而若把他的名字忘了或写错了，就会处于非常不利的地位。

吉姆法里从来没有进过一所中学，但是在他46岁之前，已经有4所学院授予他荣誉学位，并且他还成了民主党全国委员会的主席、美国邮政总局局长。他成功的秘诀在哪里呢？原来，他有一种惊人的本领——记住别人的名字。

一次，卡耐基去访问他，向他请教："据说您可以记住1万个人的名字。""不，您弄错了。"他说，"我能叫出5万个人的名字。我在为一家石膏公司推销产品的时候，学会了一套记住别人名字的方法。"

吉姆法里说，这是一个极其简单的方法。他每当新认识一个人，就问清楚他的全名、家里的人口，以及干什么行业、住在哪里。他把这些牢牢地记在脑海里。就是过去一段时间后，他依然能够拍拍别人的肩膀，询问他太太和孩子的情况。难怪有这么多拥护他的人！

吉姆法里说："记住人家的名字，而且很轻易地叫出来，等于给别人一个巧妙而有效的赞美。因为我很早就发现，人们对自己的姓名看得惊人的重要。"

或许,这就是吉姆法里成为邮政局长的奥秘之一。他看到了人性的一个弱点:对自己的名字都非常重视。不少人拼命地不惜付出任何代价使自己的名字永垂不朽。且看200年前,一些有钱的人把钱送给作家们,请他们给自己著书立传,使自己的名字留传后世。现在,我们看到的所有教堂,都装上彩色玻璃,变得美轮美奂,以纪念捐赠者。

安德鲁·卡耐基被称为钢铁大王,但他自己对钢铁的制造却懂得很少。他手下有好几百个人,都比他了解钢铁。可是他知道怎样做人处世,这就是他发大财的原因。他小时候就表现出很强的组织才华和领导才能。早在他10岁的时候,他就发现人们对自己的姓名看得很重要,而他正是利用这个发现,去赢得了别人的合作。

他孩提时代住在苏格兰。有一次,他抓到一只兔子,那是一只母兔。他很快又发现了一整窝的小兔子,但没有东西喂它们。于是,他想出一个妙法。他对附近的那些孩子们说,如果他们找到足够的苜蓿和蒲公英喂饱那些兔子,他就以他们的名字来替那些兔子命名。

获得别人好感的既简单又重要的方法,就是牢记别人的姓名。善于记住别人的姓名,既是一种礼貌,又是一种情感投资。姓名是一个人的标志,人们由于自尊的需要,总是最珍爱它,同时也希望别人能尊重它。在人际交往中,记住别人的姓名可谓小事一桩，但往往能收到超乎寻常的效果。

所以你要想在交际场中赢得主动，就要熟记对方的姓名。但是，每天都要面对很多的新面孔，要想记住别人的名字，委实有点困难。

这里面是有一定的技巧和方法的。

法兰西国王拿破仑三世曾经说过，他可以记住他所见过的每个人的名字。是他的记忆力超群吗？不是。那他用了什么神奇的方法，以至于让他记住了他见过的不计其数的人的名字呢？其实很简单。如果他没有听清那个名字，会立即说："十分抱歉，我没有听清您的名字。"如果对方的名字很生僻的话，他又会向别人请教名字的拼写方法。还有，他在谈话过程中，会不断重复着对方的名字，并结合对方的外貌、言谈等特征，在心里做一个轮廓式的记忆。

拿破仑则使用"以特征来记忆对方名字"的方法。每个人身上都有特征，比如身材特别高，是个彪形大汉，或者身体细长，像个电线杆；又或者双目明亮，熠熠生辉；或细如鼠目，游离不定等。

除了相貌上的特征，你还可以找出他在其他方面的特征，比如说话的速度和语调以及手势动作等。你把他的特征记下来，同时与他的姓名连在一起，回去之后再花一点时间去强化一下，就自然会记得很熟了。还有一个窍门，就是在和对方分开后，马上用笔把他的名字和特征写下来，放在你的"档案"里，可以写在笔记本上，也可以记在手机里，这样就不怕忘记了。

当然，你和别人交谈的时候，不应该将你企图想找别人特征的想法表现出来，更不要因为急于记住对方而忽视了你们之间的交谈，这是得不偿失的做法。所以，在你做这项"工作"的时候，态度要自然，不要露出失态之举，所有的动作，只保留在你心里就可以了。

此外，我们之所以容易忘记别人的名字，多数情况下是因为没有集中精力听他们自我介绍。所以，当他人做自我介绍的时候，你应当全神贯注，让对方觉得他的名字对你很重要。

在你记住了别人的姓名之后，就要学会应用。下次再和他见面交谈的时候，抓住时机，喊一次他名字，试试看，看他是不是被感动了。

卡耐基曾经说过："一个人的姓名是他自己最熟悉、最甜美、最妙不可言的声音，在交际中最明显、最简单、最重要、最能得到好感的方法，就是记住人家的名字。"

所以，记住别人的名字是你走向成功的第一步。可能会有人认为这是小题大做，但不可否认的是，现代社会中人们希望被尊重、被承认的心态越来越强，使对方有被尊重的感觉，同时使自己赢得对方的好感。

你所要做的，只不过是记住一个名字——天底下没有比这更简单的事了！

6.好话留着背后说

《红楼梦》中有这么一段描写：

史湘云、薛宝钗劝贾宝玉作官为宦，贾宝玉大为反感，对着史湘云和袭人赞美林黛玉说："林姑娘从来没有说过这些混账话！要是她说这些混账话，我早和她生分了。"

凑巧这时黛玉正来到窗外，无意中听见贾宝玉说自己的好话，"不觉又惊又喜，又悲又叹"。结果宝黛两人互诉肺腑，感情大增。

在林黛玉看来，宝玉在湘云、宝钗、自己三人中只赞美自己，而且不知道自己会听到，这种好话就不但是难得的，还是无意的。倘若宝玉当着黛玉的面说这番话，多心的林黛玉也许非但不领情，还会觉得宝玉在嘲笑自己，即使领情了，效果也没这么好。

做人做事有这样一条规则：判断别人时你自己也被别人判断。

一个经常说别人坏话，挑别人短处，指责别人错误的人，只会让人感到其爱挑剔而难于与其相处，让人感到其品质恶劣而对其厌烦。如果你总是认为这个也不好，那个也不行，人人都有问题，那么只能说明你自己不善于与人相处，自己有问题。别人正是通过你对别人的判断,来判断你的为人。

喜欢听好话似乎是人的一种天性。当来自社会、他人的赞美使其自尊心、荣誉感得到满足时,人们便会情不自禁地感到愉悦和鼓舞,并对说话者产生亲切感,这时彼此之间的心理距离就会因一句好话而缩短、靠近,自然就为交际的成功创造了必要的条件。

你可能会觉得上面两个故事里当事人只不过刚好在场。其实,我们在背后说的他人的好话,是很容易就会传到对方耳朵里去的。而且远比当面恭维别人说好话的效果好得多。

假如我们当着上司和同事的面说上司的好话,同事们会说我们是在讨好上司,拍上司的马屁,从而容易招来周围同事的轻蔑。另外,这种正面的歌功颂德所产生的效果是很小的,甚至还会有起到反效果的危险。同时,上司脸上可能也挂不住,没准还会说我们不真诚。

与其如此,还不如在上司不在场时,大力地"吹捧一番"。

有一位员工与同事们闲谈时,随意说了上司几句好话:"刘经理这人真不错,处事比较公正,对我的帮助很大,能够为这样的人做事,真是一种幸运。"

这几句话很快就传到了刘经理的耳朵里。刘经理心里不由得有些欣慰和感激。而那位员工的形象,也在刘经理心里上升了。就连那些"传播者"在传达时,也忍不住对那位员工夸赞一番:这个人心胸开阔,人格高尚,难得。

在背后赞扬别人，能极大地表现说话者的"胸怀"和"诚实"，有事半功倍之效。

假借别人之口来赞美一个人，可以避免因直接赞美而导致的吹捧之嫌，还可以让对方感觉到他所拥有的赞美者为数众多，从而在心理上获得更大的满足。

有时，我们为了取得他人的好感，常常会赞美对方一番。但如果直接说"你看起来还那么年轻"之类的话，不免有奉承之嫌。如果换种方式来说："你真漂亮，难怪某某一直说你看上去总是那么年轻！"对方必然会很高兴。通常，在人的观念中，第三者所说的话总是比较公正、实在，因此，也更能得到对方的信任和好感。

背后赞美，最好力争"第一次发现"，你所发现的对方的特色、潜能、优势，最好是别人谁也没有发现，甚至是他自己也没有发现的。这样你的赞扬更容易被流传出去，而且也会令当事人恍然大悟，瞬间即增强自信，从而对你产生好感。

背后赞美也要与对方的内心好恶相吻合，他自己认为是缺点，内心极为厌恶，或者别的人也不觉得这是怎么值得赞美的，但却被你背后夸奖吹捧——结果传到他耳朵里的时候，往往变成了故意讽刺，那你的赞美就适得其反。这也不能怪人家，谁叫你说得这么离谱，让听到的人都觉得不真诚，更别提当事人了。

所以，一定要寻找对方最希望被赞美的内容，各人有各人优越的地方，有自知优越的地方，他们固然盼望得到别人公正的评价，但在那些还没有自信的地方，尤其不喜欢受到人家的恭维。

如果怕说错话,不如来个"背后的背后",可以引用他人的评价,对当事人加以赞美:"你知道吗? 我听我爸爸说过,这人是一位有名望的作家……""我不认识这位企业家,但是我的老朋友经常夸奖他,我相信朋友的眼光不会错,所以我很想认识他……"

注意,被引用的人要是你的朋友、亲人,或者是有名望的人。这样虽然费劲一点,但是,证明你对当事人的成就、声誉是费了功夫打听来的,对方会欣然接受你的赞美,还会觉得你是个真诚的人。对你开拓人脉,寻找贵人也不无好处。

7.见人减龄,遇货添钱

人总是喜欢被赞美。现实生活中,无论是与朋友还是与客户交谈,都不妨多谈谈对方的得意之事,这样容易赢得对方的认同。如果恰到好处,他肯定会高兴,并对你有好感。

赞美的话语是一把双刃剑,能增进人际交往中的人际关系,但过分的赞美,就会被认为你过于虚伪或别有用心,你也因此会受到鄙视,影响你和他人的正常交往。

事实上,我们在赞美他人的时候,无须在对方的人品或性格上下工夫,而应该针对其过去的事迹、行为或身上的优点等,即对成型的具体事物做适当的赞美。如果你对对方说:"你真是好人啊!"你的赞美也许同样是发自肺腑的,但在初次见面的短时间内,你的判断理由又是什么呢? 因此你的赞美便可能引起对方的怀疑和戒心。但若是夸奖对方的事迹或行为情况就不同了。因为对既成事实的赞美,与交情的深浅没有太大关系,对方也比较容易接受。比如对方是女性,那么她身上的衣服与首饰,便是我们赞美的最好题材。

知道了这样赞美的效用后,与其毫无准备地面对一个初识的人,倒不如先准备好赞美的材料。有了这样的准备,对方往往会因为你的一句赞美而毫无保留地打开心扉,与你成为朋友。

不过,任何赞美的话都一定要切合实际。到别人家做客,与其乱捧一场,不如赞美房子布置得别出心裁,或赞美一个盆景的精巧,或赞美装饰的精致,要注意欣赏他人的爱好与情趣。

主人喜欢养金鱼,你应该试着去欣赏那些鱼的美丽;主人爱养花,你应该去赞美他所养的花草。赞美别人最近取得的工作成绩,赞美别人心爱的宠物,要比说上无数空泛的客气话有效得多。

下面教你两个最基本的赞美方法。

夸人减龄

芸芸众生中,每一个人都希望自己永远年轻。因此成年人对自己的年龄非常敏感。

由于成年人普遍存在怕老心理,所以"夸人减龄"就成了讨人喜欢的说话技巧。这种技巧在于把对方的年龄尽量往小了说，从而使对方觉得自己年轻，养生有术等，产生一种心理上的满足。比如一个三十多岁的人，你说他看上去只有二十多岁，一个六十多岁的人，你说他看上去只有四五十岁，这种说法对方是不会认为你缺乏眼力，对你反感的，相反，他会对你产生好感，形成心理相容。

"夸人减龄"这种方法只适用于成年人（特别是中老年人），相反，对于幼儿、少年，用"逢人长命"（年龄往大了说）的方法效果较好，因为他们有一种渴望成长的心理。

遇货添钱

遇货，就是购买物品。买东西是再平常不过的日常行为。在我们的心中，能用"廉价"购得"美物"，那是善于购物者所具有的特质，那是精明人的一种象征，虽然我们不会也不可能都是精明购物者，但我们还是希望我们的购物能力得到别人的认可。因此，当我们买了一件物品之后，如果花了50元，别人认为只需30元时，我们就会有一种失落感，觉得自己不会买东西。但当我们花了30元，别人认为需要50元时，我们则有一种兴奋感，觉得自己很会买东西。由于这种购物心态的存在，"遇货添钱"这种说话方式也就能打动人心。

甲买了一套款式不错的西服，乙知道市场行情，这种衣服两三百元完全可以买下。乙在品评时说："这套西服不错，恐怕得六七百元吧？"甲一听笑了，高兴地说："老兄说错了，我160元就买下啦！"

这里乙的说法就很有技巧性，在他不知道甲花了多少钱买下这套衣服的情况下故意说高衣服的价格，使对方产生成就感，当然也就能使对方高兴。

遇货添钱法能讨得对方欢心，操作起来也简单，对其价格高估就行了。当然"价格高估"也需要注意，一要对物价心里有底，二不能过分高估，否则收不到好的效果。

8.不忽略身边每一件值得赞美的"小"事

你了解你周围的每一个人吗？他们具备哪些长处和短处你知道吗？你每天有没有察觉到周围的一些细微变化呢？你是否看到别人哪怕是一丁点儿的改变呢？很多人都精通赞美之词，但是，大多数人却不愿在小事上赞美别人，只是认为遇到大事、重要的事时，才有赞美的必要。

出现这样想法的首要原因就是因为人与人之间的分工不同，责任不同，使人们认为别人所做的事、所取得的成绩都是分内之事，是"应该"的，没有赞美的必要。在这种心理驱动下，很多人都不能正视别人的小成绩。还有些人是胸怀"治国济天下"的"大志"，但却眼高手低，对眼前的"小打小闹"不以为然，认为那些事只是普普通通的，没什么了不起，小菜一碟。这些态度都是因为我们不懂得赞美的分寸。

如果单纯就小事而论,它的确没有相当重要的意义。但如果我们用辩证法的观点去考察,就会发现一件小事往往会引发大事,几件小事累积在一起,就可能产生出人意料的事。

一位巡警在巡逻时发现仓库门口的灭火器坏了,及时告诉了总经理。总经理很快就安排相关人员布置了新的灭火器。此后谁也没有将这件事放在心上。然而半年后的一天,库房因电线短路突然起火,幸好灭火器能使用才及时扑灭。忙乱中,总经理首先想到的就是那位细心的巡警。如果他没有发现灭火器坏了,就不能及时更换,现在也无法使用,那么库房可能就完了,公司也保不住了。于是,总经理赞美了这位巡警,并代表公司向他致谢,号召全体员工向他学习。

千里之堤,溃于蚁穴,一滴水珠都可以拯救沙漠中的迷路者,可见小事不可小视。

要学会赞美别人,改善你的人际关系,就要学会从小事开始赞美别人,做一个有心之人,善于发掘赞美的材料,看到小事背后的重大意义。小事需要发掘,需要加工,如此才能产生神奇的效果。如果你没有一双识别它们的慧眼,它可能就会永远被埋在琐碎之中。

实际上,我们的生活就是由无数的小事和有数的大事组成。如果我们只是睁大眼睛注视大事,忽略小事,那么你是否发觉生活在很大程度上是空虚的呢? 相反,如果我们都能去关注发生在自己周围的一些小事,去发掘一滴水中的世界,那么在彼此的赞美声中,我们所获得的就是世间荡漾着的温情。

不过,赞美别人也不是张张口,说说好话就能达到目的,尤其是在赞美一些小人物、小事件时,更要有一个分寸。高帽尽管好,可尺寸也要合乎规格才行,滥戴过重的高帽只能适得其反。如果别人发现你言过其实时,常常会因此感到自己受到了愚弄。所以不去恭维,也不要夸大无边。

赞美人的方式各种各样,而且是千变万化,甚至在嬉笑怒骂间都能收到出奇的效果,从而增进朋友间的友谊,获得良好的人际关系。而要达到期望的目的,就要于细微之处下工夫,不忽略身边每一件值得赞美的小事。

第六章

教你幽默到心田，
跟任何人都聊得来

文学家契诃夫说:"不懂得开玩笑的人是没有希望的人！这样的人即使额高七寸、聪明绝顶,也算不上真正有智慧。"

● ● ● ● ● ●

1.鸡蛋在这里并不稀有,国王才稀有

为什么只要卓别林一露脸、一张口、一举手、一投足,立即就能把人们的心弦拨动,使千万人为之捧腹、为之喷饭、为之倾倒? 这神秘的奥妙之一就在于:他的一言一行、一举一动都充满了启人心智、令人愉悦的幽默。

如果在讲话中适当地、恰如其分地插入笑话,则能起到很好的说服效果。

李先生是北京一家公司的执行经理。公司的高层管理者正就公司的战略和实施战略的方针争吵不休,李先生要试图说服他们停止争论,转到务实的执行上来。为此,李先生给他们讲了这样一个幽默的故事:

在第一次世界大战期间,有人向美国总统建议,他有一个良策可以一举结束第一次世界大战。他是这么说的:"在我看来,我们目前面临的问题完全是由于德国U型潜艇不断击沉我们的商船造成的。我建议,我们想个办法把整个大西洋烧开锅。这样,当大西洋的海水温度太高而使德国潜艇无法继续躲在海底的时候,它们就不得不浮出海面。而当它们真的冒出来的时候,我们可以以逸待劳,在海上张开罗网将它们一一擒获,就像我们在打猎季节捕获猎物那样。"

而当美国总统询问这个人有什么办法把大西洋加热到212华氏度时,这个人的回答是:"当然,这事交给技术人员去办就好了。我只负责制定政策。"

待一阵大笑平静下来之后,李先生告诉在场的公司高层管理人员:"这就是所谓制定政策和执行政策之间的差异。"争吵不休的管理人员终于停止争吵,开始商讨具体的执行方案。

在说服过程中,我们随时可能遇到不同性格、不同背景的人,我们需要和他们沟通交流,要说服他们认同你的观点,要说服他们购买你的商品,要说服他们放弃某些危险的行为等,所有这一切都需要幽默。

英王乔治三世有一天到乡下打猎,中午感觉肚子有些饿,就到附近的一家饭店点了两个鸡蛋充饥。吃完鸡蛋,店主拿来账单。乔治三世看了一眼账单,愤怒地说:"两个鸡蛋要两英镑!鸡蛋在你们这里一定是非常稀有吧!"

店主毕恭毕敬地回答:"不,陛下,鸡蛋在这里并不稀有,国王才稀有。鸡蛋的价格必须和您的身份相称才行。"乔治三世听完后不由得哈哈大笑,爽快地付了账。

店主幽默的言辞，不但没有惹怒英王，反而获得了不少的收入。

在说服的过程中，对方可能出于对你的不满，直截了当地指责或批评你，这时不到万不得已，不要针锋相对地反指责、反批评。因为那样，双方很可能由于面子的关系，演变成一场唇枪舌剑，从而导致关系的破裂，说服也就无从谈起。这个时候，完全可以用上你的幽默。

2.幽默就像抓痒：不轻不重、不多不少

不知道你有没有碰过这样的情况：你的女朋友（或老婆）怕痒怕得要命，平常你只要轻轻抠她一下，她就会笑个不停。但是，这一天，她跟你不高兴，你试着过去挠她痒，又挠她最怕痒的地方，奇怪了，她居然一点也没反应，搞不好还穷凶极恶地吼过来。又过一阵，你试着讨好她，看她好像气消得差不多了，再过去挠她痒，她先不吭气，嘟着嘴，突然间扑哧笑了，对你又追又打。你们"雨过天晴"了。

幽默就像抓痒，要不轻不重。抓轻了，不痒，没有效果。抓重了，不是痒，是痛，得到反效果。抓得不是时候，对方不但不痒，还可能冒火。所以懂得幽默的人，绝不是只要耍嘴皮子、编编黄段

子或损损人，而是知道认清对象、把握机会、制造气氛，再"不轻不重、不多不少"地带动情绪，进而化解尴尬场面的人。

在某公司举办的灭蚊剂产品展销会上，几位年轻的营销人员用专业术语详细地向消费者介绍了产品的性能、使用方法等，给人以业务精通的印象。在回答消费者提出的问题时，他们反应很快，对答如流。最重要的是，他们的表现既彬彬有礼，又幽默风趣，给消费者留下非常难忘的印象。

有消费者问："你们的产品真能像广告上说的那么好吗？"营销人员立即答道："您用过后就会发现它会比广告上说的更好。"

消费者又问："你敢保证这种灭蚊剂能把所有的蚊子都杀死吗？"营销人员马上笑着回答："不敢，在你没打药的地方，蚊子照样活得很好。"

这句玩笑话使人们愉快地接受了他们的推销宣传，这次展销会大获成功，产品销量大大超过往次，更重要的是，产品品牌的知名度得到了提高。在公司召开的总结会上，经理特别强调，是营销人员语言训练有素才让这次展销如此成功。他要求公司全体人员都应像营销人员那样，在"说话"上下一番工夫，既能提升自己的语言魅力，也能提升公司的整体形象。

英国思想家培根说过："善谈者必善幽默。"幽默的魅力就在于：话不需直说，但却让人通过曲折含蓄的表达方式心领神会。"二战"结束后，英国首相丘吉尔到美国访问。当记者问他对美国的印象时,丘吉尔回答道:"报纸太厚,厕纸太薄"。一句话让记者们哄堂大笑。但笑过之后,人们开始发现了丘吉尔语言的尖刻。

友善的幽默能表达人与人之间的真诚友爱,能沟通心灵,拉近人与人之间的距离,填平人与人之间的鸿沟,是有望和他人建立良好关系的不可缺少的东西。尤其当一个人要表达内心的不满时,如果能使用幽默的语言,别人听起来也会比较顺耳。当一个人需要把别人的态度从否定改变到肯定时,幽默是最具说服力的语言。当一个人和他人关系紧张时,即使在一触即发的关键时刻,幽默也可以使彼此从容地摆脱不愉快的窘境或消除矛盾。

如果说语言是心灵的桥梁,那么幽默便是桥上行驶最快的列车。它穿梭在此岸与彼岸之间,时而鲜明时而隐晦地表达着某种心意,并以最快捷的方式直抵人的心灵,提升幽默者在对方心中的分量。

在人际交往中,我们轻松幽默地开个得体的玩笑,可以松弛神经,活跃气氛,营造出一个适于交际的轻松愉快的氛围,因而幽默的人常常受到人们的欢迎与喜爱。但是,玩笑一旦开得不好,幽默过了头,效果就会适得其反。因此掌握幽默的分寸是非常重要的。

要想幽默得体,你需要注意下面几个问题:

幽默内容要高雅

幽默的内容取决于幽默者的思想情趣与文化修养。幽默内容粗俗或不雅,有时也能博人一笑,但过后就会让人感到乏味无聊。只有内容健康、格调高雅的幽默，才能给人以启迪和精神享受，而且也是对自己美好形象的成功塑造。

幽默态度要友善

幽默的过程，是感情互相交流传递的过程。如果借幽默来达到对别人冷嘲热讽、发泄内心厌恶和不满感情的目的，那么这种玩笑就不能称为幽默。当然，也许有些人不如你口齿伶俐，表面上你占到上风，但别人一定会认为你不够尊重他人，以后也不会愿意和你继续交往。

幽默要分清场合

美国总统里根在一次国会开会前，为了试试麦克风是否好用，张口便道："先生女士们请注意，五分钟之后，我们将对苏联进行轰炸。"一语既出，众皆哗然。显然，里根在不恰当的场合和时间里，开了一个极为荒唐的玩笑。为此，前苏联政府对美国提出了强烈的抗议。

可见，在庄重严肃的场合里幽默一定要注意分寸。

幽默也要分清对象

我们身边的每个人，因为身份、性格和心情的不同，对幽默的承受能力也有差异。同样一个玩笑，能对甲开，不一定能对乙开；能对乙开，却不一定也能对甲开。一般来说，晚辈不宜同前辈开玩笑；下级不宜同上级开玩笑；男性不宜同女性开玩笑。在同辈人之间开玩笑，也要注意对方的情绪信息和性格特征。如果对方性格外向，能宽容忍耐，幽默稍微过大也无妨；若对方性格内向，喜欢琢磨言外之意，幽默就要慎重了。对方尽管平时生性开朗，但若恰好碰上不愉快或伤心之事，就不能随便与之幽默。相反，对方性格内向，但正好喜事临门，此时与他开个玩笑，幽默的氛围也会一下子突现出来。

3.美式幽默：讽而不刺，冷面笑匠

美国喜剧电影中层出不穷的幽默元素让电影院充满了欢笑。代表作有《功夫熊猫》(KungFu Panda)、《怪物史瑞克》(Shrek)等。美式幽默有多种：也许在日常生活中不是那么常见，但如果在适当的时机使用，必可收画龙点睛之效。

第一：冷幽默

"后天其实是明天？"

"为什么？"

"因为今天是昨天。"

——《烦人的哈里》

一位警官从前是商人，有人问他做生意和当警察有何不同。

他回答说："最大的区别是：做生意，顾客总是对的；当警察，顾客总是错的。"

第二：高级文字幽默

"您是卡普兰先生，对吗？"

"不能说我是，因为我不是。"

——《西北偏北》

一家专做隆乳丰臀的美容院广告是:"只要你进来,没有什么大不了的。"

第三:睿智幽默

"这东西法国很少见吗?我家多的吃不完。有空请您来做客。"

"谢谢。"

"我曾想过各种办法处理它们,可居然忘了用法国人。"

——《知情太多的人1956》

一位私人诊所的医生准备出国度假,便让刚从医学院毕业的儿子来顶一个月。

一个月后医生从国外度假回来,问儿子情况如何。

儿子得意地说:"我把您医治了10年都没医好的那个心脏病人彻底治好了。"

不料,父亲听了破口大骂:"混蛋!你以为你聪明能干?你也不想想,你这些年读医学院的学费是怎么来的!"

第四:善意讽刺

男:"我和她几分钟前才刚刚认识的。"

女:"可我看起来你俩像老朋友。法兰西是个多么友善的国家啊。"

——《捉贼记》

一间酒吧的墙上写着这样一句格言:"男人来喝酒通常有两个原因:或是因为他家里还没有一个老婆,或是因为他家里已经有了一个。"

第五:规模笑话(可以当作小笑话的段落)

老汉:"我犯法了,不敢见警察。"

女儿："爸爸，您只是偷运了一箱威士忌而已，不算走私犯的。"（女儿的男朋友史密斯来了）

老汉："史密斯，你在警局干什么工作？"

探长："调查凶杀案。"

老汉："不管走私案吗？"

探长："走私案我不在行，顶多也就能抓住个偷运威士忌的。"

——《怯场》

第六：黑色幽默

飞往赌城拉斯维加斯的班机即将抵达目的地了，广播中传来机长的声音："拉斯维加斯快到了，请大家系好安全带。"接着他又不失时机地补充一句："也系好您的钱包。"

当然因为国情的不同，中国人似乎对"幽默"二字总是无法灵活运用，一味照搬照抄所谓的"幽默"，只会弄巧成拙。下面这则故事很好地说明了这点。

故事发生在一个小饭馆里。一位客人点了一只鸡。当菜上来之后，客人发现这鸡的做法和平时不一样，感觉好像是不同的鸡块拼凑而成的，但他又不敢肯定。于是他问服务员："我怎么发现这鸡的两条腿一条长一条短呢？"这时服务员想调侃一下，就说："先生，您到底是来吃鸡的呢，还是来和鸡跳舞的呢？"一语激起千层浪，客人听后怒不可遏，认为这是在侮辱他，于是找到餐馆经理，大闹了一场。

　　幽默有个前提就是,你要了解自己,知道自己的身份,还要弄清楚自己是否是一个具有幽默秉赋并能灵活运用的人。如果不了解这一点,只是凭自己的兴致,不分场合地去说一些自认为是十分有趣的笑话或是幽默,是不会收到良好的效果的。如果你的幽默与当时的形势以及场合极不协调,周围的人可能对此是不屑一顾,在很多的时候还往往会引起别人的反感,甚至被人视为是侮辱。

　　身份对于幽默很重要,对于身份高的人来说幽默是非常容易的,因为可以凭借自己的身份来轻松地幽默。但是,身份地位低的人在面对地位高的人的时候,幽默就不是容易的事情了,身份低的人要经常用自嘲的方式来幽默,这比其他的形式更好。

　　在积累幽默素材的过程中,我们不能总是依赖现成的幽默素材来表现幽默,如果这样做就能算作幽默家的话,也就把幽默看得太简单太轻而易举了。想成为真正的幽默家,需要头脑灵活,反应敏捷,知识丰富,阅历广泛,热爱生活,口才卓越。这比只是运用现成的小幽默故事要难得多,但产生的实际效果也比其强得多,能充分地展现一个人卓尔不凡的交际风采。

　　积累幽默的素材,创造生活中的幽默,最最重要的就是要细心地观察生活,体味生活。因为,所有的幽默都是来自生活,是生活的结晶。只要你对生活多留心,多去体悟,你就会发现生活本身就是幽默的。你的幽默也才会非常自然,非常恰当,而不是显得做作。

用过于严肃的态度生活，难免太沉重。人生不如意事十之八九，若总是唉声叹气，生活必然一片灰暗。如果换一种心态，调侃一下生活，就会显得诙谐幽默，大度自然，每天都会很阳光、很光明，充满希望和快乐。会调侃的人懂得如何给生活添加佐料，受到不公平待遇也会泰然处之，即使心情郁闷，也能通过开玩笑的方式给别人传达某种信息，实质上这种人热爱生活，大智若愚，充满了人格魅力，现实生活中会得到众多朋友的喜爱，因此成功的机会自然比一般人多。

4.幽默不是恶搞，别赔了夫人又折兵

幽默不是恶搞，不是简简单单逗人一乐。幽默要机智、走心，还要有一点点洒脱和大度。只有能灵活驾驭幽默的人，才会为语言增加色彩，提高自己的吸引力和风度。但如果不切合场景，只学会幽默的皮毛，却抓不住幽默的实质，反而会弄巧成拙。

多准备一些"炮制"幽默的原料

很多人都知道幽默的作用，也非常想成为一个幽默的人，但总是觉得自己没有幽默的细胞，没办法做到谈笑风生。其实，幽默也是一种能力，不是与生俱来的，这需要生活环境的熏陶和后天的培养。要做到在说话或演讲中幽默自如、游刃有余,就要提前准备好幽默素材。

英国前首相狄斯雷利有一次演讲得十分成功,妙趣横生。有个年轻人向他祝贺说:"您刚才那席即兴演说真是太棒啦!"

狄斯雷利回答道:"年轻人,这篇即兴演说稿我准备了20年。"

20年未免夸张了些,但狄斯雷利告诉了演讲者一个道理——你要发表一个成功的演说,要想和听众打成一片,就要花时间去收集一些笑话、故事、趣闻或妙语,这些幽默的佐料会使你进入他们的兴趣和思想之中。

任何伟大的即兴演说家,都是通过这种努力获得成功的。他们一旦上了台,就会妙语连珠,使听众如痴如醉。所以,要想成为一个幽默的人,就要在平时多细心积累幽默的素材。如果在你的脑海里,熟练地记着几百个幽默笑话,你随口就能说出来,怎么可能会不幽默呢?

那么,我们在日常的生活中该怎样去积累幽默的素材呢?可以从我们自身或者身边的事物里来找素材。这样你就会发现自己是一个十分幽默的人。

从自己的姓名上找素材

一个姓胡的老教授很是幽默。在79岁高龄时,胡先生健步登上讲台,对众多学生朗声说笑道:"我姓胡,胡里胡涂的胡。"

学生们在胡先生谦虚的自我介绍中渐渐进入听讲的佳境。

许多人的姓氏和名字都可能很平常,很难从中找出幽默素材来,那也不必完全围绕姓名打转,其他的幽默素材还有很多。

从自己的属相上找素材

这是一位属猪的男士在他生日宴会上的一段演讲。他说:"各位朋友,女士们,先生们,欢迎光临寒舍。近日物价上涨,猪肉走俏,我也年长了一岁,身价也翻了一番,因此在我这高老庄特备些薄酒,与众人同乐。"一番话引得大家开怀大笑。

在自家的宠物身上找灵感

有一天,一位女士带着她家的小狗逛公园,一位老太太看了她的狗很奇怪地问道:"为什么你家小狗的尾巴不是左右摆动,而是上下摇摆?"她回答道:"这完全是环境所致。我给它做的窝还是两年前的,那时候它还很小。"

发牢骚也能产生幽默效果

一个青年人过生日,他说:"诸位兄弟姐妹,今天是我的生日,大家都不必客气。一定要大块吃肉,大碗喝酒。哎,过生日又长了一岁,可惜兄弟我一大把年纪了还是光棍一条。大家伙儿仔细瞅瞅,我这可是一表人材,居然没一个女孩爱上我,你们说是不是很奇怪。我在这儿和你们打个赌,明年的今天,你们诸位等着瞧吧。"这时,有人笑着说了一句:"还等着瞧你这条光棍啊。"大家都笑成一团。

5.嘲弄他人是缺德,嘲弄自己是美德

听到孩子们对骂的时候,有的成年人就会以调侃的口气劝,说骂人的话又沾不到身上,还不是过过嘴巴的瘾,你权当没听见就是了,话近谑而实在理,我们应该有宽容的心境面对羞辱,无论对方是有意的,还是无意。解脱的方法很多,其中之一是幽默。

随着年龄的增长,人会逐渐成熟。成熟过程中,反观以前的作为,常常不免觉得好笑,过去的人生犹如一场儿童游戏。但在当时,却很偏执,身在局中,执迷不悟,目光短浅,心胸狭窄。当心智的纯熟足以觉悟到自己的可笑时,对人生幽默的情怀就油然而生了。

孔老夫子到了郑国,与弟子们失散了。孔子独自站在城郭东门。郑人对子贡说:"东门有个人,长得奇形怪状,模样好像丧家之狗!"子贡就把这话告诉了自己的老师,孔子欣然笑说:"说我像丧家之狗,是这样的啊,是这样的啊!"一代宗师竟让人当着学生的面被骂作"丧家之狗"却乐哈哈地接受下来,这就是伟人的气度了。

一个人如果能够嘲笑自己,大抵也可以察觉到别人的可笑。当你心胸开阔时,便会发现那些蝇营狗苟之徒的表演实在

是可笑之至。这正是：开口便笑笑天下可笑之人了。

凡人都有自尊心，有的人自尊心强烈而敏感，因而也特别脆弱，稍一触及便有反应，轻则拉下脸来，重则立即还击，结果常常是争了面子没面子，善自嘲者的自尊心就皮实得多，轻易伤不着。你说我是混蛋，我说不胜荣幸，你还说什么呢？

自嘲不是自贬和怯懦，而是一种潇洒的自尊，大度的情怀。人际场上、官场上、生意场上，自嘲是轻松地保持自尊的武器，即使真的尴尬人偶遇尴尬事，自嘲一句便也可以找了台阶下。

自嘲被称为聪明人驾驭语言艺术的最高境界，能自嘲的必是智者中的智者，高手中的高手。

自嘲是缺乏自信者不敢使用的技术，因为它要你自己骂自己。也就是要拿自身的失误、不足甚至生理缺陷来"开刀"。为博人一笑，自嘲的人对自己的丑处、羞处不予遮掩、躲避，反而把它放大、夸张、剖析，然后巧妙地引申发挥、自圆其说。没有豁达、乐观、超脱、调侃的心态和胸怀，是无法做到的。

可想而知，自以为是、斤斤计较、尖酸刻薄的人难以望其项背。

自嘲谁也不伤害，最为安全。你可用它来活跃谈话气氛，消除紧张；在尴尬中自找台阶，保住面子；在公共场合获得人情味。

自嘲，是一种幽默的说话方式，一种幽默的生活态度，一种心理调节的方式，一种人生智慧的表现。

自嘲，是宣泄积郁、制造心理快乐的良方，当然也是反嘲别人的武器。

学会自嘲,你就会拥有一个平稳、健康的心理,一副健康的体魄。

自嘲者,必定热爱生活,有生活情趣。如果不热爱生活,谁会去发现自己的可笑之处,怎么会觉得这可笑之处可笑,又怎么会将这可笑之处讲出来呢!不热爱生活的人,不会去找乐,更不会在自己身上找乐,他只会在别人身上找乐来满足自己。

对于我们来说,嘲笑自己的丑,或笑自己做得不很漂亮的事情,会使我们更具有亲和力。

古代有个石学士,一次骑驴不慎摔在地上。众目睽睽之下,一般人定会觉得尴尬,可这位石学士不慌不忙地站起来说:"亏我是石学士,要是瓦的,还不摔成碎片?"一句妙语,说得在场的人哈哈大笑,自然这石学士也在笑声中免去了难堪。以此类推,一位胖子摔倒了,可说:"如果不是这一身肉托着,还不把骨头摔折了?"换成瘦子,又可说:"要不是重量轻,这一摔就成了肉饼了!"

这样说来,自嘲便是能解除尴尬的良药了。

由此可见,自嘲时要对着自己的某个缺点猛烈开火。但就这份气度和勇气,别人也不会让你孤独自笑,而一般会陪你笑上几声。

嘲弄他人是缺德,嘲弄自己是美德。一个会自嘲的人,往往就是一个富有智慧和情趣的人,也是一个勇敢和坦诚的人,更是一个将自己上上下下、里里外外看得很明白的人。

在社交中，当你陷入尴尬的境地时，借助自嘲往往能使你从中体面地脱身。

在某俱乐部举行的一次招待会上，服务员倒酒时，不慎将啤酒洒到一位客人的头顶上，而这位客人正好有点谢顶。服务员吓得手足无措，全场人目瞪口呆。这位客人却微笑地说："老弟，你以为这种治疗方法会有效吗？"在场的人闻声大笑，尴尬局面即刻被打破了。这位客人借助自嘲，既展示了自己的大度胸怀，又巧妙化解了现场的尴尬。

自嘲是一种鲜活的态度，它可以使原本很沉重的气氛刹那间变得轻松无比，会让别人砸过来的重拳落在棉花上。自嘲作为一种符号和痕迹伴随着生活而不断延伸。自己骂自己至少是安全的，一般不会讨人嫌。智者的金科玉律便是：不论你想笑别人怎样，先笑你自己，这样还能拉近与别人的距离。

幽默的情怀从某种程度上讲是一个健全人格的表现，生活中的甜酸苦辣，得失宠辱，都可以付诸一笑，该是多么博大的胸怀，一个人过于现实，老于世故，就很少有幽默感了。

6.对方很可能被你"笑化"

笑能缓解当前尴尬的局面,让对方不忍拒绝,在此基础上施展你的口才,往往能达到目的。

海耶斯是美国俄亥俄州的著名演说家。他一直记得30年前,当他还是一个业务生疏、紧张兮兮的实习推销员时,推销收银机的情景:

一位老练的前辈带我来到我们的目的地。我们走进一家小商店,向老板讲明了我们的来意。谁知,老板一听,大叫道:"我们对收银机没兴趣!"

此时,那位前辈就靠在柜台上,咯咯笑了起来,仿佛他刚听到世界上最好笑的故事一样。店里的人都奇怪地看着他,包括我。

过了一会儿,那位前辈直起身子,微笑着道歉说:"我忍不住要笑,是因为你令我想起另一家商店的老板,他也说他没兴趣,后来他成了我们最好的主顾之一。"

随后,这位熟练的前辈继续很认真地展示他推销的货品。每一次老板表示对这种收银机没兴趣时,这位前辈就把头埋在臂弯里咯咯地笑。然后他抬起头来,又说一个故事,说的同样是某人在表示不感兴趣之后,买了一台新的收银机。

在这个过程中,大家都在看着我们。我当时窘得要死。我想："别人肯定会认为我们是一对疯子，他们一定会马上赶我们走的，或者直接把我们送到精神病医院里去。"

但是，那位前辈却全然不顾这一切，只是按照程序继续做着自己的事情：咯咯地笑，把头埋进臂弯里，抬起头，讲出另外一个有趣的(他自己认为的)事情。

但是，奇怪的事情发生了。不一会儿，我们搬进来一台新的收银机，然后，这位前辈以行家的口吻向老板详细认真地讲解了收银机的用法。您猜怎么着？老板买了下来。

而在整个过程中，我一直在担心我们会被扫地出门。这样的结果，实在是出乎我的意料。

在这个例子中，那位前辈之所以能够说服老板，就是利用了笑的力量。在老板的每一次拒绝中，他都会咯咯地笑，在笑声中，老板不忍心赶他们走，于是他就有机会继续说下去。只要有这种机会，就会有成功的机会。因此，他用笑声一次次地争取了机会，并最终取得了胜利。

对付软磨硬泡中的尴尬，笑声和幽默是最好的润滑剂。有句俗话说的是"伸手不打笑脸人"，只要你能够笑、会笑，受缠者很难跟你翻脸，而这会使你得以继续"泡"下去。

人们大都会对带着笑脸的人有一份莫名的好感。明朗快乐的脸可以让人有安全感；阴暗的脸色，总会给人一种疑惑感、嫌恶感、威吓感。因此，我们应该时刻注意自己是否是一副明朗的表情，可能的话，总是让自己有一副明朗的笑脸。如此下去，对方很可能被你"笑化"，改变自己的初衷，答应你的请求。

7.幽默没深度,不如不开口

有人说,幽默的作用就是活跃气氛,不管说什么样的话,只要能使人发笑就算达到目的了。因此,他们在制造幽默的时候,常常说一些比较肤浅、陈旧的笑话。也有一些人,由于受教育程度与生活环境的影响,也总是拿一些低级趣味当做自己的幽默方式。这些幽默的方式,不能说大错特错,但往往难以达到最佳目的;即使达到了目的,也会给人留下肤浅甚至言语随意的印象。

某个夏夜的大排档,一群喝酒的男生打赌,看其中一个长发男生能否追上邻桌的一个漂亮女孩。这个长发男生拍着胸脯,拿着半瓶啤酒就走到了邻桌。他对同是长发的女孩说:"嗨,看在咱俩都是长头发的份儿上,交个朋友怎么样?"女孩转过脸,看了看他,说道:"在我看来,留长发的男生通常有两种可能,第一他是个艺术家,第二他没钱剪发。你是艺术家吗?"男生一愣,说道:"不是。"女孩笑笑说:"那你就是没钱剪发了?也就更没钱交女朋友吧?"长发男生无话可说,只好悻悻地走回了自己的座位。

很明显,案例中的男生想要通过幽默来展示自己的魅力,好让女孩同意做自己的女朋友。但他的幽默显然肤浅而又没有吸引力，给自己惹来一鼻子灰。这是因为，很多女生是不喜欢留长发的男生的，更不喜欢喝着酒随便跟人搭讪的男生。因此，这个男生的幽默话语在女孩看来并不好笑。她稍动脑筋，这个幽默还成为了她反讽男生的踏板。

要知道，幽默不是毫无意义的插科打诨，也不是没有分寸的卖关子、耍嘴皮。要成为一个善于使用幽默的人，必须要有一定的素质与修养。

鲁迅先生讲话生动幽默。一次，几个朋友和他谈起国民党的一个地方官僚下令禁止男女同在一个学校上学、同在一个游泳池里游泳的事。鲁迅先生说："同学同泳，皮肉偶尔相碰，有碍男女大防，不过禁止之后，男女还是一同生活在天地中间，一同呼吸着天地中间的空气。空气从这个男人的鼻孔呼出来，被另一个女人的鼻孔吸进去了，淆乱乾坤，实在比皮肉相碰还要坏。要彻底划清界限，不如再下一道命令，规定男女老幼，诸色人等，一律戴上防毒面具，既禁止空气流通，又防止抛头露面。这样，每个人都是……喏！喏！"鲁迅先生边说边站起来，模拟戴着防毒面具走路的样子，朋友们笑得前仰后合。

可见，有深度的幽默不仅能够达到最佳的喜剧效果，还能显示出说话人的个人魅力。

把幽默说得有深度一些，其好处还在于，在旁人做出令自己不悦的事情时，如果不方便开口直接指出，则可以通过意味深长的幽默来达到提醒或者回应他人的目的。

一位主人以包子作为主食招待客人,客人中有个小伙子吃包子时,肉汁"噬"的一声溅了出来,正好溅在旁边一位中年人的衣服上。小伙子看着中年人,不知所措。女主人赶紧过来,要给中年人擦去,中年人笑着拒绝说:"等一等吧,他还没吃完,可能还会溅过来。"

在别人将油腻的汤汁溅到自己的衣服上时,中年人当然会有不悦的情绪。但是当着众人的面发怒当然是不妥的。因此,他就以"可能还会溅过来"作为拒绝女主人为自己擦拭汤汁的理由,也作为对那位年轻人的回应,略略表达了自己的不满,也化解了自己的尴尬。

由此可见,如果你的幽默能做到有深意、有新意,那么不仅能够起到活跃氛围的作用,还能表现出自己的修养和人格魅力。

有深度的幽默是个人修养、才智的体现,它要求有较高的文化素养和较强的语言驾驭能力。一个人的语言修养高、知识丰富,他的幽默才会随手拈来、得心应"口",并且能表现一定的深意。

8.运用幽默进行管理

幽默作为一种激励艺术，在日常的交往中有着重要的作用。在富有幽默力的领导、主管周围，很容易聚集一批为他效力的员工，主管的幽默会化解许多尴尬，维护员工的自尊。

美国历史上的许多重要人物，如林肯、罗斯福、威尔逊等，都是善于运用幽默艺术的代表。

有一次，林肯与一位朋友边走边交谈。当他们走至回廊时，一队早已等候多时、准备接受总统训话的士兵齐声欢呼起来，但那位朋友还没有意识到自己应退开。这时，一位副官走上前来提醒他退后八步，这位朋友才发现自己的失礼，立即涨红了脸，但林肯立即微笑着说："白兰德先生，你要知道也许他们还分辨不清谁是总统呢！"就这么一句简简单单的话语，立刻打破了现场的尴尬气氛。

人应该善待自己，善待他人，善待生活中的失败、痛苦，甚至身体的缺陷，如果你换个角度去看，用有趣的思想，轻松的心态去对待，也许你的生活就会充满亮色，你本来忧郁的心情就会变得明朗。

美国一位肥胖的女政治家在竞选演讲中自我解嘲："有一

次我穿上白色的泳装在大海里游泳,结果引来了苏联的轰炸机,以为发现了美国的军舰。"结果在笑声中,选民反不以其肥胖为意,使她在竞选中处于优势。

从管理的角度看,幽默不只是孩童的把戏,开心的笑脸,它和提高生产效率应该是相辅相成的。竞争的加剧,经济的动荡,企业员工面对着超乎寻常的压力。对公司而言,如何保持员工的士气,同时又能激发他们的创造性和"突破桎梏的思维"显得比任何时候都重要。

运用幽默进行管理,管理者往往可以取得很好的效果。据美国针对1160名管理者的调查显示:77%的人在员工会议上以讲笑话来打破僵局;52%的人认为幽默有助于其开展业务;50%的人认为企业应该考虑聘请一名"幽默顾问"来帮助员工放松;39%的人提倡在员工中"开怀大笑"。一些著名的跨国公司,上至总裁下到一般部门经理,已经开始将幽默融入到日常的管理活动当中,并把它作为一种崭新的培训手段。

幽默还可以使人与人之间的关系变得融洽,使公司的内部矛盾得以化解。经济的衰退使公司不得不面对裁员问题时,还可以利用幽默化解裁员过程中可能出现的各种风险。

美国欧文斯纤维公司曾在新世纪之初解雇了其40%的员工,考虑到可能由此而引起的种种问题,该公司管理层聘请了专门的幽默顾问,利用两个月的时间对1600多名员工施行了幽默计划,在公司内开展了各种幽默活动。结果,没有出现公司所担心的聚众闹事、阴谋破坏、威胁恫吓、企图自杀等可怕后果。

人都喜欢与幽默的人一起相处，在西方，没有幽默感的男人，简直就是没魅力、愚蠢的代名词。幽默的主管比古板严肃的主管更易于与下属打成一片。有经验的主管都知道，要使身边的下属能够齐心合作，就有必要通过幽默使自己的形象人性化，那么怎样才能使自己成为一个幽默的主管呢？

博览群书，拓宽自己的知识面显然是必不可少的。知识积累得多了，与各种人在各种场合接触就会胸有成竹，从容自如，培养高尚的情操和乐观的信念。一个心胸狭窄，思想消极的人是不会有幽默感的，幽默属于那些心宽气明，对生活充满热忱的人。提高观察力和想象力，要善于运用联想和比喻。

作为一名企业主管，要有意识地训练自己对事物的应变能力。多参加社会交往，多接触形形色色的人，增强社会交往能力，也能够使自己的幽默感增强。幽默作为管理者的一种优美、健康的品质，恰如其分地运用，会激励员工，使之在欢快的氛围中度过。

在漫长的人生道路上，每个人都难免会与逆境狭路相逢。很多人畏惧逆境带来的动荡和痛苦，但从长远看，时常有些小挫折，倒是更能使人保持头脑清醒，经受得住考验，也更能磨砺人的意志。

幽默的人相信失败是成功之母。失败和成功在一定条件下是可以相互转化的，正因为曾经有失败，所以才能在不断地总结失败的教训后获得成功。如果一个人一直都被成功包围，那么，偶尔一次小小的失败对他来说可能就是一次相当残酷的考验，失败可能就会如影随形。

幽默中渗透着坚强的意志。有幽默感的人往往是一个奋力进取的弄潮儿。他们面对失败的打击，恶劣的环境，能够以幽默的态度自强不息。

发明家爱迪生就是一个善于以幽默的态度对待失败而又不断进取的人。

爱迪生在发明电灯的过程中，试验灯丝的材料失败了1200次，总是找不到一种能耐高温又经久耐用的好金属。这时有人对他说："你已经失败1200次了，还要试下去吗？"

"不。我并没有失败。我已经发现1200种材料不适合做灯丝。"爱迪生幽默地说。

爱迪生就是以这种惊人的幽默力量，从失败中看到希望，在挫折中找到鼓舞。这就是这个伟大的发明家百折不挠、硕果累累的诀窍。有时候，面对失败，我们的意志和信心可能会滑坡，而适时的幽默可以帮助我们避免这一点。

有人打网球打不过他的朋友，他就可以幽默地对他的朋友说："我已经找出毛病在哪里了，我的嗜好是网球，可我却到乒乓球俱乐部里去学习。"

他也可以说："咱们打个平局，怎么样？我不想处处赶上你，你也别超过我。"

　　这种幽默不是自欺欺人，也不是要我们像鸵鸟一样在看到危险的时候把头埋进沙子里，这种幽默可以有效地防止我们的意志滑坡，还能在会心一笑中拉近我们同他人的心理距离。

第七章
高效能管理者的极简表达

　　管理者绝大多数都患有会议依赖症，虽然他们不愿意承认这一点，但实际上他们很享受在台上夸夸其谈的感觉，很享受发号施令的感觉。

● ● ● ● ● ●

1.不到万不得已,绝不召开会议

管理者绝大多数都患有会议依赖症。他们甚至认为开会可以增进自己和员工之间的了解,拉近彼此的感情。

请扪心自问,你患有会议依赖症吗?

为什么绝大多数管理者都不愿意问一问员工:"你喜欢开会吗?"很多时候,人们都太自我了,完全没有设身处地地考虑问题。但是,巴菲特勇敢地向员工们抛出了这个问题,得到的回应却是长久的沉默。巴菲特明白了,其实员工们在心底已经大声地回答了——"不喜欢!"因为如果他们喜欢,他们会毫不犹豫地告诉管理者。(记住,下属的沉默代表着否定和不愿意。)

于是,巴菲特给自己制定了一个原则:不到万不得已,绝不召开会议。

马明是某公司新上任的部门经理。到岗后的第二天,他决定召集所有的部门员工举行会议。他将会议通知的任务交给助理小朱。小朱接到任务后,对着办公室的人大声广播道:"马经理说了,明天下午开会,所有人都要参加。"

第二天下午,马明忙完了手头的工作,决定召开会议。他将小朱叫到办公室,对他说:"你去安排一下,五分钟后我们开会吧。"小朱点头答应,跑回办公室对部门内的所有人说:"现在去会议室开会吧。"话音刚落,有人抱怨说:"手头还有紧急的工作没完成呢!"有人抱怨说:"我约见的客人马上就要到了。"……抱怨声此起彼伏,小朱生气地说:"经理让开会的,你们自己看着办吧!"有一个员工根本就不知道开会的事情,原来昨天小朱通知的时候,他出去拜访客户,不在办公室。

员工们陆续起身,来到会议室门口,才发现会议室里面已经坐满了人——其他部门正在开会。小朱只得折回经理室,对马明说:"马经理,其他部门的人正在会议室开会,会议室现在不好用。"马明想了想,说:"那就等一会儿吧。"

二十多分钟后,会议室空置出来,大家陆续来到会议室。这时,马明也过来了,他坐到会议桌中间的位置,看了看周围,发现还有些员工没有来。他说:"还有人没到,我们再等等。"小朱也起身去办公室催促。

又过了五分钟,人员全部到齐了。马明宣布会议开始。他说:"召集大家来开会,主要想讨论以下几个问题:1.本部门的月度目标;2.各位对我今后工作的想法和要求;3.产品销售话术的完善。"员工们听到议题后,面面相觑,不知道从何处开始讨论。

马明也不知所措地望着大家，不知道如何将会议进展下去。沉默了很久，大家才你一言我一语地开始说话。可是，说话的内容却漫无目的，随意扩展。说着说着就扯到了公司的薪酬体系上，大家各有看法，抱怨声一片。这时，马明开始说话了，他详尽地阐述自己今后的工作计划，一个人足足讲了半小时还不停歇。只是他的计划与大家的实际工作并没有太大关系，人们听着听着就不耐烦了。有人开始发短信、小声交谈、发愣、无所事事地用笔在纸上乱画，更有甚者假装接听电话离开了会议室。

会议室里的人越来越少，最后会议不了了之。

美国企业管理专家迈克肯斯博士在他的一份研究报告中这样指出："要世界上任何一个企业经理人列出3项最花时间的企业活动，'开会'一定名列其中。在受调查的200多个企业中，有超过三分之一的受访者认为，他们花在会议上的时间有一半是浪费掉的。令人惊讶的是，很少有人能确切说出到底时间浪费在哪里了。"

在企业中，"马明"式的人物绝非少数，以致于普通职业人总是将会议等同于浪费时间。

无效的会议的确是组织效率的一大杀手。

当你让下属们坐在会议室的时候，他们不得不停下手头正在进行的工作，调整原定的工作计划，甚至需要压缩其他事项的时间预算……

而这一切的牺牲换来的却是一场毫无成效的会议。

如果这些人利用宝贵的时间来做其他更重要的事情,无疑会创造更大的价值。

无效的会议不仅浪费时间,而且是抱怨、矛盾的发源地。对于那些最终演变为抱怨、争吵的会议,你一定记忆犹新。缺失正确引导的会议只会让人们内心的牢骚肆意蔓延、相互传染,这样的会议对问题的解决有害无益。

无效的会议严重削弱了组织的执行效率。众所周知,会议是团队沟通的最有效方式。如果这一方式无效,团队之间将难以达成有效的沟通效果。沟通不到位,团队的行动就不可能协调一致,团队成员之间的合作就不可能顺畅无阻。

2.与其说"可否帮忙做这事",不如说"你来负责这件事"

一位从新闻行业跳到外企担任媒介经理的经理,一提起新工作就满腹牢骚。上任之后他才发现,手下的两员"虎将"居然都是七零后。这两人虽然学历和能力均平平,但仗着资格老,不把新来的小上司放在眼里,交代的任务总是无法保质保量完成。害得经理一个人熬夜加班补救,还免不了挨上头总监的批评。

总监问经理:"平时你和下属是怎么交流的?"

得到的答案是:"你现在有空吗?可否帮忙……""明天下

班前给我可以吗？不行啊……那后天中午呢？"

总监又问："如果他们做的确实很糟，你会不会拉下脸来严厉批评？"

他想了想痛苦地说："我会和他们讨论如何改进，委婉指出问题所在，一般不会当面臭脸，毕竟他们都比我年长，我要哄着他们干活，但心里实在憋屈！"

IBM董事长就说过："你的下属绝对不会做你希望的事情，只会做你要求和监督的事情。""小"上司若想搞定"大"下属，可不是给足面子那么简单。面子当然要给，前提是下属先把里子做足。老板之所以提拔你，至少证明你的能力比你的大下属强一截。而你和下属的相处方式，自然要以你为主，而不是反着来。

如果你需要下属配合完成一个目标，就必须明确提出你的要求和期望值。与其说"可否帮忙做某事"，不如说"你来负责这件事吧"。与其说"方案后天给我可以吗"，不如说"我希望后天早上开会前看到方案，有困难吗"。

许多管理者往往会碰到这样的情况：安排给员工一项工作任务，本以为他有能力独立做好这个事情，谁知最后员工还是要靠自己的帮助才能完成工作，而且完成的结果也不如自己所期望的那么好。

问题是出在员工那里吗？也许不是。

如果员工得到的指示是模糊的，他就得学会猜测别人的心思，揣摩出领导到底期望自己怎么做。员工只有接收到了明确的信息,才有可能真正对工作负责。作为管理者,在刚开始布置任务时,就要向员工说明你期望他做什么,做出什么样的结果。

结果。管理者应该让员工知道你到底期望从他们那里得到什么。有时候,人们对相同的话有不同的理解。管理者在和员工讨论期望的结果时,不要只使用抽象的字眼,还应用看得见、听得见、摸得着的东西来描述它,以便让员工真正理解你的意思。

尺度。告诉员工完成任务应该遵循的基本准则,给他们一个广泛的可操作的尺度,即指导方针,并提醒他们要注意按照价值观行事。当然,管理者不需要详细讲解完成任务的每条措施和细节,否则,员工不会真正感觉到被委以责任。

影响。管理者要向员工说明,他们的个人行为将会对实现整体的任务做出什么样的贡献,完成或者没有完成任务的影响或后果是什么。员工在了解这些影响和后果后,就会开始为完成任务付出努力。

资源。管理者要了解,员工有多少可用资源,包括物质资源、财务资源、人力资源和时间资源。在许多组织中,最宝贵的资源是时间,你对员工的最大帮助是多给他们一点时间完成任务。如果你不给予员工拥有完成工作所需的资源,那么你其实是在使他们走向失败。

负责。确定让员工对任务负责。管理者要和员工讨论,他们将在什么时间、什么地点以及以怎样的方式来向你汇报工作进展。管理者要注意的是,员工应该对结果负责,而不是对方法负责。他们具体用什么方法完成任务由他们自己决定。

放手。在明确了这五件事情之后，管理者就要接受一个大考验——放手，让员工独立完成任务。不要经常在背后监视别人，这不光有损信任，还会打击别人的自信心。如果工作任务重大，你可以和员工一起，在任务的不同责任阶段加以回顾。但是你一定要在开始工作之前，就和员工商定好要举行这样的会议。当员工需要你的时候，才应该出面助一臂之力，否则不应当干涉他的工作。

3.说业绩不说方案,说硬数字不说软指标

聘用员工，不仅仅是因为员工知道做什么，还要看到他们"怎么做"。一个负责任的员工，应该知道，业绩是企业的生命所在，几乎每一个企业都把业绩作为自己企业文化的重要组成部分，同时把业绩当作对员工的重要考核标准之一。

美国通用电气公司的业绩观在其核心价值观中就占有十分重要的地位，所以该公司也特别重视对员工进行这方面的培训。刚进入公司的新员工，公司会在入职培训时告诉他们，业绩在通用公司的企业文化中占有非常重要的地位。

在通用公司，所有员工无论来自世界名牌大学还是不知

名的学校，也不论以往在其他公司曾经有过多么出色的工作经历，只要进入通用公司，就站在了同一起跑线上。

每个员工必须重新开始，从进入通用公司开始，衡量员工的就是他在通用公司的业绩、对通用公司所作的贡献，公司看重的是员工现在及今后的表现而非他过去的经历。

所以对任何员工而言，一切必须以业绩为导向。高绩效是好员工的显著标志，没有绩效，再聪明的员工也会被淘汰出企业。

不要指望有什么借口可以替代业绩，也别希望借助自身的其他优势来"遮盖"老板对业绩的追寻，只要你身在其位，业绩就是你必然的选择。

三年前，小刘进入现在所属的公司，这几年里她从未迟到早退过，更别提请假旷工，即使是身体不舒服或者家里有事，她也会想方设法地按时出现在自己的办公桌前。工作上，上级交给的任务她总是第一时间完成，力求完美；在人际关系上，不论是与上级还是和同事，她都恭敬有加，客气而温和。可以说，这三年中她的敬业精神和为人都无可挑剔。

但，一天午餐时间与同事闲聊，她意外知道才来四个月的女孩年终奖竟然比自己多了一倍，而且还有可能要晋级，顿时心里五味杂陈。这几年来自己的敬业和付出在领导眼里竟然抵不过别人四个月的工作，委屈、恼怒、辛酸、痛恨一齐涌上她的心头。

几天后，公司会议室的业绩展示栏张贴了最近一个季度的业绩情况，看到新来女孩的业绩，小刘的嘴巴都无法合拢——那个女孩的业绩超过了公司任何人，而且是以往没有过的，可谓是创了公司业绩史上的纪录。

于是，小刘明白了，没有什么比工作业绩更重要。

出色的业绩，绝不是管理者口头上说说员工就能得到的。要吃樱桃就要先栽树，要想收获第一步就是付出。

出色的业绩需要靠员工在工作的每一个阶段，能找出更有效率、更经济的方法。在工作的每一个层面，找到提升自己工作业绩的重点。

让员工积极改进

很多人由于对工作不太熟悉，只是一味地盲目服从老板的命令。

优秀员工不会这样做，其实也不应该如此，优秀的员工从不把老板的指令当做"圣旨"。

比如，他们接到一项明确的任务，如果在老板的指令之外，还有另外一条更好的途径可走，他们会主动请示老板，寻求积极改进。他们会运用推理和说服力，动之以情，晓之以理，阐述自己的看法，让老板相信：他会用一种更好的方法完成工作。

让员工学会主动请愿

老板有时会被公司事务缠得焦头烂额，甚至手足无措，优秀的员工能够明察秋毫，并且在适当的时机主动站出来，为老板解忧。特别是在工作一筹莫展，老板迫切需要帮助的时候，他们不会像胆小者那样袖手旁观，而是积极挺身而出，危难时刻施以援手。

订立明确的业绩目标

当今社会是一个充满竞争、机遇与挑战的社会,更是一个以绩效论英雄的社会。在这种残酷、压力重重的环境中,每个公司只有时刻以业绩的增长、竞争力的增加为目标才能生存。而要达到这个目标,公司员工就必须与公司制订的长期目标保持步调一致,而真正能做到"一致"的,只有那些主动进取、不断上进的优秀员工。

主动进取的关键在于制订富有挑战性的绩效目标。要想不断提高自己的业绩,光有敏感的业绩观是不够的,还必须为自己制订具有挑战性的绩效目标。

那些不断取得出色业绩的员工在与同事竞争的同时,重要的是他们在不断地自我挑战,超越自我,实现更高的目标。

因此,富有挑战性的目标对于提高业绩至关重要。

做没有目标的工作,不但时间会悄无声息地溜走,而且慢慢会让员工形成马虎、应付了事的工作态度。

另外,没有目标的激励,工作效率也会降低。

只有订立了明确的业绩目标,员工才会从思想上坚定自己拥有优异业绩的信心,才会坚定全力以赴达成预定业绩目标的意志,以至最终取得令人满意的业绩。

让员工学会自我反省

除此之外,员工每天的自我反省、自我检查也很重要,这让他们在牢记要达成目标的同时还能实现自我完善。工作中经常会出现这样的情况,一直在忙碌却忘了目标,结果时间没有了,等发觉时却已接近最后期限,目标自然就无法达成了。

为了保证目标的达成,同时能够自我完善,员工每天记录自己的成绩并重申目标非常必要,只有这样才能保持持续强劲的战斗力。

另外,在业绩考评上,企业管理者必须注意:工作任务指标一定要数字化。就是薪酬体系这样看似没法量化的也是可分解为指标的,例如员工薪酬满意率达到多少、薪酬在运营成本所占比重比等。

千万不要以"大幅度提升品牌市场影响率"、"大幅度提高员工积极性"为考核标准,因为这样做过之后企业根本没有办法统计收益,而且对于员工而言产生不了实际的压力。

4.关心所有人,关注个别人

很多管理者也普遍面临着这样一个问题：面对自己的团队,总无法指挥、协调好每一位下属的工作。

管理者不但要做好自己的工作,还要花时间和精力去关照每位下属,对此,大多数管理者都极为苦恼。往往感到力不从心,顾得了这个人,就顾不了那个人,总有照顾不周的地方。

从《西游记》里挑一个事件作为我们的案例来分析。这次的案例是白骨精事件。相信大家都知道,三打白骨精事件中,唐僧和孙悟空产生了巨大的分歧,以至于孙悟空一怒之下返回花果山,直到唐僧遇难才再度出山。

唐僧是一种典型的完美型性格,在一般冲突面前,总是力图避免出现人际关系紧张的状况。完美型本来就寡言少语,感情很少外露,在精神紧张的时候他们会变得更加内敛,尽量回避与人接触,尽量避免暴露自己的情绪。从前在观音院、在黄风岭、在流沙河、在五庄观,尽管唐僧对孙悟空多有不满,却始终采取了克制的态度。因此,当唐僧忽然变得如此强硬专横,几乎让所有的人都大吃一惊。

从正常行为转为冲突性行为,并不是一个人有意识的选择,而是一种本能的防范性反应。由于这种防范性反应,当事人在行为上变得十分僵硬,不再像以前那样,会根据人际关系的需要做出适当的调整,而是恰恰相反,会不顾别人的愿望和感受,只图自己情绪的宣泄和一时痛快,办事容易走极端,说话也不顾后果,唯我独尊,不肯退让。

在白骨精事件中,我们发现猪八戒与孙悟空之间也产生了冲突。在正常情况下,活泼型性格的人总是喜欢营造一种轻松幽默的人际氛围。当冲突发生之后,他们也会冲着对手谩骂、嘲笑,以发泄怒气。如果他们无法冲着对手发火,他们就会另外寻找一个发火的对象。让人奇怪的是,活泼型的人在大发雷霆之后,会立即感到一切如常,好像刚刚的事从来没有发生过一样。

白骨精事件发生之后,师徒四人之间的冲突可谓是前所未有的激烈。为了一个女人，不仅猪八戒肆意辱骂他的大师兄，唐僧也是一反常态，大念"紧箍咒"。我们无法知道沙和尚深藏不露的心理动态，究竟是支持师父，还是同情大师兄。

公共关系的确不是光靠一个善字就可以处理得好的。与人为善固然不错，但你能确保每次都对吗？人非圣贤，孰能无过，身为一个团队的管理者或成员，有时候难免会遭遇白骨精的魔法，而不能明辨是非。

白骨精并不可怕，没有必要那样紧张。孙悟空三打白骨精的方法也许不合适，但以后可以改。然而，如果他们不能学会彼此理解，不注意团队伙伴之间的沟通，他们就会因为矛盾重重而闹得四分五裂。

唐僧之错，其实不在于受到迷惑，也不在于是非不分，而是在于没有能够在团队的管理实务上建立一个有效沟通的平台。

二战时，美国某支军队中有一名叫克雷默的中层军官，很有才华，同时对周围的士兵也很关心。在一次演讲训练中，有位年轻士兵的激情演讲，给克雷默留下了深刻的印象。自此，他就格外关注这位士兵。通过一段时间的接触和了解后，克雷默发现，这位士兵不仅有活力和干劲，而且还非常热爱学习。

由于这位士兵在入美籍之前是个德国难民，因此克雷默就推荐他去欧洲战场，做将军的德语翻译。这位士兵果然没有辜负克雷默，将工作做得非常认真和出色。这位士兵从欧洲战场上回来后，克雷默又推荐他担任几座小镇的管理者。这位士兵将自己的管理才能发挥得淋漓尽致，将小镇管理得有声有色。

几年以后，这位士兵将要退役了。只有中学学历的他想要借退伍军人法案的有关规定到纽约市立学院去读书。当克雷默得知这个消息后，却非常反对。他找到了这位士兵，对他说："绅士是不进市立学院的，他们都去哈佛。"在克雷默眼中，这位年轻的士兵是不能被一所平庸的大学埋没的，因此他全力说服这位士兵去著名的哈佛大学读书。不仅如此，他还积极地替这位士兵安排。这位士兵在哈佛读书期间，克雷默不断地给予他鼓励和支持，直到这位士兵获得了博士学位并留校任教。而克雷默对这位士兵的关注，在士兵的人生中起到了不可忽视的作用，是他成就日后事业的奠基石。

对于克雷默，也许你并不知道，但是对于他所关注的这位年轻士兵，你绝不会陌生。他，就是美国前国务卿基辛格。

与其说入伍改变了基辛格的命运，倒不如说克雷默的关注改变了基辛格的命运来得贴切。若没有克雷默的关注、提拔和鼓励，这世上很可能就少了一个了不起的外交家，只是多了一个平凡的小兵。彼得·德鲁克甚至在他的《旁观者》一书中这样说道："……基辛格正是克雷默造就出来的，克雷默发掘、训练了他。事实上，克雷默正是他的再造恩人。"

我们的时间都是有限的，不可能面面俱到，我们要学会关心所有的人，但是一定要特别关注几种人，这几种人可以大大提高企业的整体效率。

第一种：最优秀的员工；第二种：最落后的员工；第三种：想成长但处于瓶颈的员工。

这三种人，是一个团队中最需要给予关注的。

5.沟通不在乎频繁，在于到位

正如美国心理学家马斯洛的需求理论所述，职场多数人会追求自我价值的实现，深信自己通过辛勤工作和卓越表现会成为升职的最佳人选。即使不得不承认主管比自己强，可感情上难以接受，往往莫名其妙地产生敌视和不予合作的态度。更有甚者在嫉妒心的驱使下会出难题、找麻烦，不服从主管的工作指令甚至处处拆台。

一位30多岁的研究生被提拔任命为一个课题组的组长，第一天走马上任，便烧了"三把火"。他对老王说："你管采购，把你的工作梳理一下，该付款的赶紧结了。"老王一下子没回过神来，丈二和尚摸不到头脑，因为之前工作的流程并不是这样安排的。他接着对老唐说："你管销售，七天以上的合同赶紧去催。"老唐盯了新领导一会儿，扭过了头。他对新员工小李说："把你的工作整理一下，向我汇报。"小李心想："我才来了五天,上周才进行的新员工培训,我还不知道从哪里入手呢,怎么汇报?"小李没吱声,去做自己的事情了。

在组长新官上任的第一天,大家就在沉闷、压抑的氛围之中度过了。久而久之,曾经的同事和他的关系大不如以前,关系越来越疏远。

我们建议,作为管理者,和下属沟通要做到以下几点:

让下属感受到你恰如其分的关心

作为一名主管,要赢得下属并让下属心甘情愿地为你赴汤蹈火,首先要让下属感受到你恰如其分的关心,这比送任何礼物都重要。

关心下属的家庭和生活。幸福的家庭生活是干好工作的基本保证,如果员工因家庭生活而分心就无法高效地完成任务,也会影响工作的心情。

关心下属的健康。身体是革命的本钱,下属身体的健康状况直接影响工作任务的完成情况。同时,在下属住院期间上级的探望可以拉近彼此的距离,这样更有利于工作的开展。

记住下属的生日,给予祝福。下属过生日时,上级的祝福不仅让他感觉到上级的关心,同时可以提高下级工作的热情。

下属犯错误的时候不要一味责骂与批评。先安抚再批评,找出原因,积极解决问题。

站在下属的角度思考他们的需求。恰当的关心可以与下属建立友好的关系,更好地开展工作。

与下属开诚布公地交流

当"官"不要像"官"。要学学美国人的坦诚，和昔日同事开诚布公地谈谈，征求对此次人事变动的意见。让他们把心中所有的感受全部讲清，即使双方不能达成共识，不能彻底消除同事心中的不愉快，至少他宣泄了感情，不会总在背后嘀咕。至少双方能用一种公平、坦诚的态度彼此相待，为进一步沟通打下基础，即使他不讲心里话，起码他知道了新主管的友好态度和对他的尊重。

淡化"当领导"的意识

不摆官架子，以求得昔日同事的认可。要与下属保持以前那种和谐良好的关系，一起吃饭，一起打扫卫生，自己能做到的事尽量自己做，不要吆五喝六。如下属拒绝接受指派的工作，用平和语气询问他们理由所在，不必煞有介事地大叫大嚷；如果批评，也要注意场合、分寸，措辞不可太激烈。

做身先士卒的好上级

《论语》中说："其身正，不令而行；其身不正，虽令不从。"能力得人心。选择好突破口，旗开得胜，树立威信，以后的仗就好打了；如果这火没烧好，可能会烧着自己，以后就可能步步被动。

20世纪50年代，日本索尼公司在经营上出现了问题。为了让下属了解实情共渡难关，社长盛田昭夫在室外召开了全体职工大会。在盛田昭夫讲话的过程中下起了大雨，秘书赶紧找到一把伞给盛田昭夫打开，盛田昭夫接过来走到台下把伞给了一位老工人,并在雨中坚持把话讲完。这件事感动了所有在场的下属。讲话结束后,下属们热烈鼓掌,久久不愿离去,并大声说:"社长,您放心吧,我们一定会加倍工作,共渡难关。"

下属服从管理者的指导,其理由不外乎以下两点:一是因管理者地位高,权力大,不服从则将遭受制裁;二是因管理者对事情的想法、看法、知识、经验较自己更胜一筹。"人不能被改变,只能被影响!优秀的领导只会身先士卒用行动影响团队伙伴,而不是指手画脚,试图去改变他们!"下属信任你,仰慕你,愿意听从你的指挥,那你就是他们的领导。

抓主要矛盾

拿妨碍工作的主要问题开刀,可以把可供选择的"突破口"排排队,看看哪个问题自己最有把握解决,就先动哪一个。一炮打响,再放第二炮,炮炮不空,逐步扩大战果。有些问题,虽然也应当解决,但自己从来没有接触和研究过,或自己目前还没有这个能力,或客观条件不成熟,没有把握时,就不要盲目行事,而留待下一步解决更好些。这也符合"慎重初战,务求必胜"的原则。

6.学会"说故事"，与下属同步

尽管下属从理智上能"理解"上司的话是对的，但是他在"情感"上恐怕就不能接受这种话了。更进一步说，虽然说他知道"被拒绝才是胜败的关键"，但是他并不清楚该如何具体操作。

但是，当上司以故事的形式再次和他分享自己年轻时的经验之后，他却完全卸下心理防御。因为那句话不是对自己的"否定"，而是一种可以参考的"智慧"。

M先生和一位年轻职员谈话，当时这位下属正因营业额上不去而苦恼着。他是这样建议的："被人拒绝，也可能是胜负的关键！"

听到这句，下属的脸瞬间抽搐了一下，说道："这我也知道的，但是……"

从此，这个下属变得沉默寡言，而且找M先生谈话的频率也降低了。

一个月后，M先生找到下属，试着用另一种方式和他沟通："我刚进公司的时候业绩一直不好，因此也特别苦恼。一次偶然的机会，我在电视上看到了一个传奇销售员的纪录片。他为了让顾客记住自己及自己的商品，即使被人拒绝，也会定期拜访顾客。有时候顾客不在，他就在对方的桌子上留一张便条。这样坚持了五年。第六年，他的事业开始爆发性地增长。那些顾客纷纷被这位销售员的热情和毅力所打动，订单蜂拥而至。看到这个纪录片的时候我非常感动，我觉得我自己也应该这样试试。于是，我开始定期地给顾客介绍公司的新产品，用各种方式与他们定期联系。即使被拒绝，也不放弃，我坚信只要坚持下来就一定能成功。半年后，我的业绩也开始渐渐增长了。"

M先生将这个"故事"讲给了下属听，一个星期后，情况有了转机。下属看上去开心多了，不仅如此，他还觉得下属的营销动作比以前增强了。虽然现在暂时没法知道具体的订单成绩，但是他的"意识"和"行动"都实实在在地发生变化了。

下属会从"被人拒绝，也可能是胜负的关键"中，解读出一些消极的含义，比如"你没有毅力"、"你不够努力，自然没有业绩"等。

如果他在倾听上司的故事时，能将自己想象成故事的主人公，并产生"如果是自己，又该怎么做"的想法，那他就处于"共感"状态了。

再者，当下属看到上司并没有放弃自己，甚至还耐心地帮助自己，那他们之间的信赖关系自然会有所加强。

为了生存，在"情感"和"理智"之间，人类必须先作出"喜欢还是讨厌"这样的情感判断，再考虑所谓的逻辑和理由。

因此，当你要说服某人时，如果一开始就引起对方的反感或抵触心理，不管接下来你的论调多么合理，对方可能都不为所动。

有一个著名的"七加一法则"，是指如果你通过提问引导对方，使对方一直说：是的、我赞成、我了解、我同意及类似的肯定语句。如果你让他连续同意了七次，通常在第八次问他时，他也会习惯性地同意。当然，提问时必须注意两点：一是问话要引至你的目的中，如果与你的目的风马牛不相及就丝毫无用；二是必须很自然地进行，不要问得很别扭，不要有多种答案或很难回答。

但不管如何，它都告诉我们一个道理，就是我们在进行沟通时一定要考虑与对方同步。

假如跟一个循规蹈矩、不苟言笑的人相处，你应该表现得严肃点、认真点；而和一个比较随和、爱开玩笑的人相处，你不妨表现得轻松一点，开朗一点。这样，你和对方的情绪就是同步的，会让对方产生一种被理解、被接受和被尊重的感觉。否则，你就会让对方产生反感，因为你的情绪是对对方的否定。情绪不同步，将使交流双方的心理距离拉大。

例如，有人在安慰因遭遇不幸而伤心的人时，故意说一些开心事，以为这样能冲淡对方的情绪。其实安慰者不知道，这样反而会加重对方的伤心。与其这样，还不如讲一件自己遭遇过的类似的伤心事。这样，情绪一同步，对方便会感到宽慰，就会对你产生比较亲切和靠近的感觉。

人与人之间的沟通有不同的方式。根据调查，人与人之间沟通的影响力，文字只占了7%，语气与音调占38%，而肢体语言占了55%。可见，肢体语言——表情、手势、姿势、呼吸等是最重要的沟通方式。在这方面与对方同步，将产生意想不到的效果。当你与他人沟通时,你模仿他的站姿或坐姿、他的手和肩的摆放姿势,他的其他举止,将让他产生一种认同感。例如,许多人在交谈时惯用某些手势,你也不妨时常用这些手势来做表达。当然,要切忌云模仿他人生理上的缺陷。

7.必要时可运用危机激励法

在现代企业管理中,管理者也有可能面对各种危机。面对危机时,可能就需要牺牲局部利益。如果能够以局部利益换取整体利益,以小损失激励全体员工的斗志,度过危机,那么这样做也是值得的。当然,如果在不损害局部利益的前提下能激励全体员工的斗志、扭转危机,那是再好不过的。

威罗比·马柯米克先生是个独裁经营者,而且是同行中的精英。但是在他的管理之下,他一手创办的世界著名香料公司——马柯米克公司,却走向了倒闭的边缘:除非裁员10%,否则公司无法实现收支平衡。祸不单行的是,就在这个时候,威罗比先生突然撒手人寰。

威罗比的侄子查理斯·马柯米克先生临危受命,出任公司的董事长。上任伊始,他召集全体员工开会,非常诚恳地说:"从今天开始,所有员工的工资增加10%,工作时间缩短。我们公司的命运完全担负在诸位的双肩上了，希望大家努力工作，力挽狂澜，拯救自己的公司。"

全体员工简直不敢相信自己的耳朵，一个个呆若木鸡，百思不得其解。因为危机就在眼前，在当时的恶劣情况下，将每个员工的薪水减掉10%都没办法帮助公司度过难关，谁会想到新上任的董事长查理斯先生却给大家加薪10%呢，而且还大大缩短了工作时间。

很快员工们就明白了，查理斯先生的做法是为了表示他对全体员工的依赖，这使公司上下士气高涨。结果在短短的一年时间里，马柯米克公司走出了亏损的困境。

在公司出现较大的困难时，很多老板在悲观失望中的思维定势是裁员减薪，殊不知这样做虽然能暂时减轻企业的压力，但也极大地伤害了员工原本脆弱的心理。当员工人人自危的时候，谁还有心思去专注地对待工作呢？

事实证明，当企业出现危机、陷入困境的时候，裁员减薪并不是必然的选择，查理斯·马柯米克先生的智慧在于，在危机面前，他反其道而行之，设法激励员工的士气，以期产生上下一心、同舟共济的效果。对公司来说，用10%的额外薪资成本换来了一笔无形的资产——企业的凝聚力，这是无法用金钱衡量的。这与裁员减薪相比，孰优孰劣，不言而明。

公司的老板或管理者应该明白一个道理，那就是不要以为给员工多发奖金就能调动员工的积极性。因为人是很复杂的，想让他们为公司卖命地工作，管理者就需要施展更细微的激励手段,这样才可以让下属的需求获得充分满足,同时又能激发他们的工作热情,提高工作效率。

那么,企业管理者如何运用危机激励法有效激励员工呢?

向员工灌输企业前途危机意识

企业管理者要告诉员工,企业已经取得的成绩都只是暂时的,而且已经成为历史,在竞争激烈的市场大潮中,企业随时都有被淘汰出局的危险,要想避免这种命运,方法只有一个,那就是全体员工齐心协力,努力工作。唯有如此,才能使企业更加强大,从而立于不败之地。

向员工灌输他们的个人前途危机

企业的危机和员工的个人危机紧紧连在一起,因此,所有员工都要树立"人人自危"的危机意识,无论是企业管理者还是普通员工,都应该时刻具有危机感。管理者要让员工明白"今天工作不努力,明天就得努力找工作"的道理。员工一旦在这方面达成了共识,自然就会主动营造出一种积极向上的工作氛围。

向员工灌输企业的产品危机

企业管理者要让员工明白这样一个道理:能够生产同样产品的企业比比皆是,要想让消费者对本企业的产品"一见钟情""情有独钟",就必须使产品有自己的特色。所谓特色,就是可以提供给消费者别人无法提供的特殊价值,即"人无我有,人有我优,人优我特"。

危机激励不可随便乱用

对企业来说,危机激励就像一颗炸弹一样,虽然威力无比,却不可以盲目地投掷,对员工狂轰滥炸。否则,不但不能开发员工的潜能,还有可能将他们"逼入死角"。也就是说,虽然危机可以激发员工工作的积极性,但并不是所有员工都愿意面对这种危机。尤其是对能力较差的员工而言,危机就像一朵"带刺的玫瑰"一样,诱人却不可触及。危机会使员工感到自己的无助和无能。可想而知,当危机到来时,他们一定是企业里心情最糟糕的人。因此,作为管理者,不能随便使用危机激励法,而应该因人而异,区别对待。

8.正确启动共同愿景

共同愿景最简单的说法是"我们想要创造什么?"愿景是人们心中或脑海中所持有的意象或景象,共同愿景也是组织中人们所共同持有的意象或景象,它创造出众人是一体的感觉,并遍布到组织全面的活动,而使各种不同的活动融汇起来。

如果你我在心中持有相同的愿景,彼此却不曾真诚地分享过对方的愿景,这并不算共同愿景。当人们真正共有愿景时,这个共同的愿望会紧紧将他们结合起来。

个人愿景的力量源自个人实现愿景的深度关切,而共同愿景的力量是源自共同的关切。事实上,我们逐渐相信,人们寻求建立共同愿景的理由之一,就是他们内心渴望能够归属于一项重要的任务、事业或使命。

共同愿景对企业是至关重要的，因为它为学习提供了焦点与能量。在缺少愿景的情形下，充其量只会产生"适应型的企业"，只有当人们致力于实现某种他们深深关切的事情时，才会产生"创造型的企业"。事实上，除非人们对他们真正想要实现的愿景感到振奋，否则整个创造型企业的概念——扩展自我创造的能力——将显得抽象而毫无意义。

今天，"愿景"对公司领导而言，是个熟悉的概念。然而，只要你小心地观察，你会发现大部分的愿景是一个人（或一个群体）强加于组织上的。这样的愿景，顶多博得服从而已，不是真心的追求。

一个共同愿景是团体中所有成员都真心追求的愿景。

第一，愿景要形象化

领导者提供的愿景不能是抽象的。当你向员工描述的时候，首先一定要形象化。要成为一流的企业，所谓的一流是什么样的，用形象的描述来展现愿景。浙江华立集团董事局主席汪力成对此有过一个形象的表述。他说：我的战略叫画饼战略，告诉大家未来的公司会成为什么样子。实际上，很多企业追求成为世界500强的目的也在于此，必须有个具体形象的愿景展示给大家看。

要发展，总要有个具体的图景，不能仅仅说我们未来要成为优秀的公司，要成为卓越的公司。优秀和卓越是什么样子？总得有个形象的说法吧？比如，我们在未来将成为这个行业的第一，这周边的我们的厂房是什么样子的，我们的办公室是什么样子的,我们每个人是什么样子的,这个形象大家一下都记住了。具象化的东西最容易让人记住。

第二,愿景要故事化

领导者要学会用故事来描述愿景。比尔·盖茨在向员工描述未来的时候说：我的愿景是让地球上每个家庭都拥有自己的电脑，而且使用这个电脑非常方便。这就是他的愿景。有人说,凡是优秀的领导者都是故事大王,都是会给人讲故事的。

确实有很多企业家都会讲故事,他会告诉你,在未来的某个时间,我们企业是什么样子的,我们的未来是什么样子的,甚至具体到你将来会开什么车,这个车应该是什么样子的。这些故事化的描述很容易激起人们创业的欲望和对未来的美好期待。

苹果公司创始人乔布斯就是个很会讲故事的人。他推出新产品时说,我的愿景是让互联网装到你的口袋里,随时拿出来就能用。我们知道,现在苹果的手机功能非常强大,真的可以将互联网放到口袋里。乔布斯说得很形象。他没有说让互联网遍及每个家庭,或者是人人拥有互联网,而是让互联网装到你的口袋里,并通过一部手机一样的东西呈现出来,很生动,很具象化。

第三,愿景要有感染性

感染性就是共鸣。比如,一个人向你描述了半天他们公司要成为世界最大的公司,他们要盖世界上最高的楼,但这对你却没有丝毫的感染性——是啊,这跟你有什么关系呢?

所以,愿景一定要跟听到的人有关系,这是最关键的。这样才有感染性,如果你说的事情跟听到的人没关系,显然就不存在什么感染性了。

体育运动之所以有感染性,就是因为它激发了观众内心深处的英雄感,激发了观众内心深处的那种动感。

很多企业家包括不少国有企业的负责人,他们的成就感是很强的。他们究竟是被什么感染了,会有如此大的成就感呢?他们的成就感不仅仅源于他能够挣多少工资,更多地来自控制的资产规模有多大。

有个大型国有企业的总裁说:民营企业是一种生活方式,但国有企业也是一种生活方式,我可以支配上千亿的资产,这种成就感是一般人所没有的。而他要的和被感染的愿景恰恰就是这种感觉。

所以,领导者在描述愿景的时候一定要懂得使用和听者相关的方式来描述,跟他有关了,才具有感染性,他会觉得自己是其中的一分子,受到了应有的重视和重用,他会很享受参与的过程。

第四,愿景要不断地重复

领导者要学会不断地重复愿景,因为它会随着时间推移而逐渐消退,所以不能讲一遍就完了,那样谁都记不住。如果讲两遍下属还记不住,那就讲三遍、四遍,讲到他们肯定记住了为止。

当领导者不再重复自己的愿景时，人们就会觉得领导者不是很认真，觉得你好像不是出于真心。只有你不断地重复自己的愿景，才能证明你是真心地希望实现，使愿景真正能融入人们的血液中，落实到人们的行动里，成为他们内心深处的航标。

第五，愿景要实现制度化

既然是组织的愿景，领导者就一定要把它制度化，让它变成企业战略的一部分，企业文化的核心。只有将愿景置于制度里，大家才觉得领导者不是开玩笑，大家才会认真对待它。

愿景在刚开始提出的时候，只是一些故事，是一个集体的奋斗目标。领导者只有把这些故事放在战略和文化规范里，把它分解成各种各样的目标，并认真执行的时候，愿景才可能真正实现。

第六，阶段性目标要持续实现

领导者提出一个愿景，如果目标很远大，阶段性目标长期实现不了，人们就会产生挫折感。在企业里面，大愿景应该有阶段性。一段时间内要实现什么样的具体目标，这样就逐渐逼近了愿景，并最终实现更大的目标。所以，愿景一定要有阶段性，阶段性目标不断实现，让大家有不断实现目标的成功感受。

所谓阶段性目标的不断实现，就是要求把愿景分解成阶段性的目标，让人们觉得可信。比如有的企业家提出：我们5年后将进入世界500强，我们每个人进入世界500强以后的资产会是多少。但是，企业家说完了以后并没有把500强目标放在战略里面来,也没有在考核指标里体现出来。

领导者应该对目标进行年度分解：第1年我们完成目标是多少,大家的收入应该怎么涨;然后是第2年、第3年、第4年、第5年,阶段性目标不断实现,这样,最终愿景才有可能实现。

第八章

你每天努力的事情
究竟有多么大的意义？

你应该反思一下，你每天努力的事情
究竟有多么大的意义？一次只专注做一件
事，尽可能不做多重任务。

● ● ● ● ● ●

1.你只是"看上去很努力"

按照工作安排，某公司的一个销售员应该在上午给十多个客户打回访电话。然而整个上午他都在翻阅资料、收集信息，中间上过几次厕所，喝过几次水，和同事聊天，也打过几通电话，不过那些电话都是鸡皮蒜皮的小事。很快就到了午饭的时间，他决定把给客户打电话的工作挪到下午，即便他知道会议和制作提案已经占满了整个下午的行程。快下班的时候，他忙着整理会议记录，上交当日的工作报表，等做完这些，办公室的同事已经收拾东西准备下班了。在最后关上电脑准备离开办公室的那一刻，给客户的电话依然没有打，因为已经"没有时间"了——他要下班了，那些工作将留给明天。

下面的建议不是万能的"灵丹妙药"，但可以给你"少做无用功"提供一些有益的参考：

知道每件事要达到的目的再去做

我们清楚地知道,吃饭是为了不饿,喝水是为了不渴,睡觉是为了不困,但很多时候我们不知道工作是为了什么。别人说做什么就做什么,别人说怎么做就怎么做,从来不去思考为什么要这么做。因为目的不明确,所以做了很多费力不讨好的事情。

一个工程在施工中,师傅正在紧张地工作着,徒弟在旁边学习。这时,师傅对徒弟说:"去,给我拿一个改锥来,我要……"还没等师傅说完,徒弟一溜烟就去了工具间。

师傅等啊等,过了很久,徒弟气喘嘘嘘地回来了,拿着一个大号的改锥,说:"改锥真不好找啊!"

师傅一看,不对。生气地说:"谁让你拿这么大的改锥?"徒弟很委屈,心想:我又不知道你要改锥干什么,这难道不是一把改锥吗?害得我白白跑一趟。"再去拿把小的来!我要固定这个螺丝钉!"师傅一边说,一边把小小的螺丝钉递给徒弟看。徒弟只得再跑一趟。

想想,我们在工作中是否也经常出现这样的情景?老板让你写个材料,你辛辛苦苦完成后交给他,他却告诉你,不是他想要的;同事邀你一起去参加一个会议,花了一整天的时间,你却发现这个会议跟你毫无关系。

其实,一件事有很多种做法,目的不同,做法也不相同。这个徒弟跑来跑去,做事讲究速度,却毫无效果。如果他在拿改锥前,先听师傅把事情说完,或者自己主动问师傅需要多大的改锥,用于做什么。那么,他就不会多跑一次了。

一件事,我们只有明白了为什么去做,才知道如何高效地把它做好。

第一次就把工作做好

你经常会碰到一些别人让你去做而你又不感兴趣的事,也经常碰到你需要去做但又没有时间或懒得去做的事情。对于这些事,你经常会先凑合地做着,遇到问题也会放一放,希望哪一天自己有了兴趣、灵感和时间的时候再去做,或者等别人发现了其中的不妥,再去修改和完善。而实际上,等你再次面对这类问题的时候，你却发现自己还是跟以前一样没有兴趣和时间,而且更是没有了开始时做的心境。

做事千万不要敷衍,要么不做,要么第一次就尽量把它做好。

海峰办公室的复印机总是卡纸，老板让他找人修理一下。经过修理人员的检查,发现原来是搓纸轮老化造成的。修理人员更换新的搓纸轮后,复印机可以正常运转了,但修理人员发现复印机的定影器也有点问题,问海峰是否需要更换一个新的。

海峰认为既然复印机现在已经修好了，也就没必要再动别的零件,再说自己下午还有别的事要办,哪有时间陪他们修这个。他心想,等有了问题再说吧！于是,就打发修理人员快走。修理人员走时,对他说:"现在不换,过一两个月后你还是得换！"

　　一个月后，当老板复印一份重要文件的时候，发现复印机居然彻底不工作了。他大发雷霆，叫来海峰："你是怎么办事的！上个月才修了一次，现在就不能用了！上次修的时候你彻底检查了吗？"

　　海峰想起了上次修理人员的提醒，觉得理亏，马上打电话让修理人员过来，可对方说太远，而且连续几天的工作都安排满了，如果他着急的话，只能他自己把机器拖过去才行。海峰只得灰头土脸地找出租车，找人搬机器……

　　第一次能解决的问题，他没有重视，非要等到问题出现了再次去解决，最后不仅累了自己，还给领导留下了个"做事靠不住"的印象，海峰真是后悔不已。

　　如此看来，第一次就把事情做好也是一种智慧。无论是学习，还是工作，第一次把事情做对，代价最小，收效最大。所以，在工作中，你应该时刻这样提醒自己：能做到最好就不要做得差不多！

　　或许你会说，我又不是神仙，怎么可能保证第一次就把事情做好呢？工作中怎么可能不容许一点误差或差错呢？确实，人非圣贤，在工作中难免会出一些错误，有一些过失。这里说的"第一次就把事情做好"是指一种追求精益求精的工作态度，一种力求完美的工作态度。一个人如果在做事前就抱着"犯点错没关系"、"有误差是很正常的"、"等有了问题再说"的态度，那么他绝对做不好一件事。

再忙也要留出思考的时间

因为太忙，所以没时间思考。殊不知，越是缺乏思考，越是让你忙碌。有时候，一个小时的思考可能胜过你一个礼拜的忙碌。

思考能帮助你从无效走向有效，从有效走向高效。在工作之前，你需要思考的是：哪些事情值得做，应该如何做，什么时候做。

不经过思考和调查而盲目行动，很容易做无用功，对于不喜欢思考的人来说，"忙"不是为了完成该做的事，而仅仅是一种习惯。

很多忙"上瘾"的人，做事总喜欢"先做了再说吧！"等做出来后，却发现所花的心思毫无用处，于是又"先放着再说吧！"放的时间长了就将这件事忘记了。这其实是对自己的劳动成果不尊重的一种表现。

因此，千万不能拿忙碌作为不思考的借口，越忙越要抽空思考。你会发现，一个小时的停步思考，可能会比一整天无头苍蝇般地乱撞乱转有用得多。不妨放下手中的事情，找个安静的地方，看看夕阳、喝喝咖啡、沉淀自我，好好地思考一下手头的事情！

2.从不喜欢的事情做起

哲学家苏格拉底说："当许多人在一条路上徘徊不前时，他们不得不让开一条大路，让那珍惜时间的人赶到他们的前面去。"

在实际生活中，也是如此，在时间的支配和管理上，当我们遇到了"徘徊不前"的情况，就要学会"换位思考"，"反向行动"。

大部分人做事都是从易到难，从喜欢的事情做起，但恰恰喜欢做的事情一般都阻碍工作进展，是效率最大的杀手。不愿意做某件事情的借口往往是没什么兴趣，真实的原因是自己没有能力在当前把事情做好，这就形成了一种循环，因为不擅长或者没有自信心，所以拖延着不做，而拖延着不做又让自己处于急于逃避或者应付了事的状态中，并没有从根本上深入理解工作的本身，因此也无法提高自身的能力，最终变得越来越不喜欢应该做的事情。而在良性的循环里，虽然不擅长或者凭自身的能力无法达到，但他们愿意花时间想办法钻研学习，慢慢掌握一些要领，使工作变得顺利起来，慢慢培养出了兴趣，在工作中也发现了乐趣，因此对不喜欢的事情慢慢也就变得喜欢起来。

每个人都习惯避免做自己不擅长的事情，结果使得这一方面的能力愈加弱化，并且在心里形成一种惯性思维，——"我没兴趣，也做不好，我并不喜欢做这件事情"。结果越来越不喜欢去做它。

很少有人面对分派下来的工作会兴奋得两眼发光。这时候就要面对一个问题,如何完成一项枯燥、自己又没有把握的工作呢？譬如说这项工作需要8个小时才能完成,如何在8个小时里不被随时而来的干扰或者欲望打断,最好的方法就是把时间分断。一般人注意力集中的时间都不长,5—6岁的儿童持续时间为10分钟,7—8岁的儿童是15分钟,上小学的孩子则是20—30分钟,成年人也只有30分钟左右,学校设置每节课的时间也不过45分钟,所以长时间地集中注意力是一个普遍的难题,更何况面对的是自己毫无兴趣的事情。

对于一般人来说,专注某件事情长达一个小时是非常困难的。这时如果尝试以15分钟为段,做到了,就对自己说:"看起来做得不错,不妨再做15分钟。"趁着自己状态不错再接再厉,半小时就过去了。原本事情是没有喜欢或者不喜欢之分,而是我们对事情的感觉对它进行了定位,任何事情着手时,想象的感觉就消失了,不管你多害怕它,或者认为它多么讨厌,当沉静下来投入到工作中时,不好的感觉就不存在了,工作就是要找到"我在"的状态。

每天从最不喜欢的事情开始做起,坚持做完它,然后做第二件事情,一直做到最后一件才开始做你喜欢的事情。从觉得最困难的入手,在中途也不要越过那些你不喜欢做的,这是一种强化训练,坚持下去,强化的效果会越来越大,最终你觉得你有能力完成任何事情。

刚刚晋升为销售部经理的张蓓每天做的第一件事情就是给那些"难啃"的顾客打电话，或者直接登门拜访，但刚进公司的她可不是这样的。当时还是销售菜鸟的她每天都在为给陌生顾客打电话头痛不已，所以总是拖拖拉拉，做一些杂七杂八的事情来逃避。一个月下来，人事部主管找她谈话时委婉提出了辞退她的想法。张蓓这个时候才意识到自己在试用期的表现并不好，随时可能丢掉工作。谈话后的第二天，张蓓从早上开始工作时就直接给顾客打电话，因为技巧并不好所以被顾客拒绝的频率很高。但一个上午下来，她反而比以前轻松。比起以往整天想着联络顾客而未能付诸行动的恐惧，顾客直接的回绝虽然让人沮丧，但内心反而没有那么大的负担。一个星期后，她成功地完成了一个订单，这也是她进入公司后第一笔销售业绩。此后，随着和顾客打交道愈多，沟通的技巧也愈加成熟，张蓓慢慢地养成了一早就预约和拜访顾客的工作习惯。而因为业绩突出她也很快荣升为销售部经理。

对于足球选手来说，日常训练中的仰卧起坐是最无聊、最枯燥的，却是每日必须训练的一项，那些优秀的运动员往往优先做这一项，事实上它很快就会过去，他们也可以享受接下来所有的训练活动，这点小改变对整个训练的感觉产生了很大的不同，而那些平庸的运动员不得不整天都在担心，因为他们把这一项留到了最后，从而使整个训练都充满了压力和焦虑。

北大哲学公开课上，一个教授风趣地分析过这个老段子："天下有两种吃葡萄的人。一串葡萄到手，一种人挑最好的先吃,另一种人把最好的留在最后吃。第一种人是很不开心,因为接下来每吃一颗都要比上一颗味道差,这就像吃惯山珍海味的人是没办法习惯吃粗茶淡饭的,吃了最甜的水果,接下来无论吃多甜的食物,都是不甜的,做完最喜欢的事情,接下来每件事情都是让人生厌的;第二种人是快乐的,因为他吃了最难吃的葡萄,接下来每一颗葡萄的味道都比上一颗要好,从最不喜欢的事做起,接下来无论做什么事情,都充满了乐趣,所以接下来他吃每颗葡萄都是欢天喜地的。"

可见,从不喜欢的事情做起会让你工作时更有力量,也更加投入,进而慢慢改变对工作的看法和态度。

3.工作没有条理,蛋糕永远做不大

一位商界名家将"做事没有条理"列为许多公司失败的一大重要原因。

工作没有条理,同时又想把蛋糕做大的人,总会感到人手不够。他们认为,只要人多,事情就可以办好了。其实,你所缺少的,不是更多的人,而是使工作更有条理、更有效率。由于你办事不得当、工作没有计划、缺乏条理,因而浪费了大量员工的精力和体力,吃力不讨好,最后还是无所成就。

大自然中,未成熟的柿子都具有涩味。除去柿子涩味的方式有许多种，但是，无论你采用哪一种方式，都需要花一段时间来漤熟。如果你不等一定的时间就打开，就没法使柿子成熟而除去涩味。这么说来，叫猴子去等柿子成熟，似乎不可能。因为猴子会经常打开来瞧瞧，甚至咬一口看看，于是它就没有希望尝到甜柿的滋味了。

任何一件事，从计划到实现，总有所谓时机的存在，也就是需要一些时间让它自然成熟的意思。无论计划是如何的正确无误，总要不慌不忙、沉静地等待其他更适合的机会到来。

假如过于急躁而不愿等待的话，就难免会遭到破坏性的阻碍。因此，无论如何，我们都要有耐心，能够克制焦急不安的情绪，才不愧是真正的智者。假若连最起码的等待都做不到，和猴子也没有什么分别。

一位企业家曾谈起了他遇到的两种人。

有个性急的人，不管你在什么时候遇见他，他都表现得风风火火的样子。如果要同他谈话，他只能拿出数秒钟的时间，时间长一点，他会伸手把表看了再看，暗示着他的时间紧张。他公司的业务做得虽然很大，但是开销更大。究其原因，主要是他的工作安排颠七倒八，毫无秩序。他做起事来，也常为杂乱的东西所阻碍。结果，他的事务是一团槽，他的办公桌简直就是一个垃圾堆。他经常很忙碌，从来没有时间来整理自己的东西，即使有时间，他也不知道怎样去整理、安放。

另外有一个人，与上述那个人恰恰相反。他从来不显出忙碌的样子，做事非常镇静，总是很平静祥和。别人不论有什么难事和他商谈，他总是彬彬有礼。在他的公司里，所有员工都寂静无声地埋头苦干，各样东西安放得有条不紊，各种事务也安排得恰到好处。他每晚都要整理自己的办公桌，对于重要的信件立即就回复，并且把信件整理得井井有条。所以，尽管他经营的规模要大过前述商人，但别人从外表上总看不出他有一丝一毫的慌乱。他每件事都办理得清清楚楚，他那富有条理、讲求秩序的作风，影响着全公司。于是，他的每一个员工，做起事来也都极有秩序，公司呈现一片生机盎然之象。

你工作有秩序，处理事务有条有理，在办公室里绝不会浪费时间，不会扰乱自己的神志，办事效率也极高。从这个角度看，你的时间也一定很充足，你的事业也必能依照预定的计划去进行。

厨师用锅煎鱼不时翻动鱼身，会使鱼变得烂碎，看起来就不会好吃。相反，如果只煎一面，不加翻动，将可能粘住锅底或者烧焦。最好的办法是在适当的时候，摇动锅子，或用铲子轻轻翻动，待鱼全部煎熟，再起锅。

不仅烹调需要秘诀，做其他任何事也是如此。当准备工作完成，进行实际操作时，只需做适度的更正，其余的应该让它有条不紊、顺其自然地发展下去。

人的能力有限，无法超越某些限度，如果能对准备工作尽量做到慎重研究，可以将能力做更大的发挥。

今天的世界是思想家、策划家的世界。唯有那些办事有秩序、有条理的人，才会成功。而那种头脑错乱，做事没有秩序、没有条理的人，只能和成功擦肩而过。

4.一次只处理一件事

一次只做一件事，犹如沙漏里一次通过一粒沙。

一次处理一件事，一个时期只有一个重点。思考最大的敌人就是混乱。不要将心力分散在太多的事情上，那样会降低效率徒增烦恼。因为人的头脑一旦接触太多讯息会阻碍思考，就像电脑的处理器如塞满了处理命令，会导致运行缓慢甚至死机。

为了让你的大脑一次只想一件事，你需要清除一切分散注意力、产生压力的想法，把你的注意力集中在你要专注的事情上，让你的思维完全地进入当前的工作状态。

你需要把你想做的事情想像成一大排抽屉中的一个小抽屉而不是一排抽屉。你的工作只是一次拉开一个抽屉并满意地完成抽屉内的工作，然后推回抽屉，并不再想它。

你还需要了解每一项任务以及你所需承担的责任，了解你自己的极限。如果你不能很好地掌控你自己，你就会效率低下，而且得不到工作的乐趣。

为了提高你的效率，你也许需要同公司内部相关人员或咨询师进行面对面的坦率交流和协商。这会让你的工作更有效率，公司里的相关人员也会在交谈中有所收获！能够将你的身体与心智的能量锲而不舍地运用在同一个问题上而不厌倦的能力，就是专注！

专注能让你在做事的过程中全身心地投入，不受外界干扰，从而极大地提高做事的效率。专注是一种精神状态，它可以通过加强注意力的精神活动来实现。

集中注意力要有两个因素：一是即时目标，注意正在发生的事情；二是密集度，因为集中所有的注意力于单一事情上，也就有了密集度！

你的心一定要留在做事的现场！

为了避免光线向没有用处的方向扩散，我们使用反射镜来实现；为了避免人的精力消耗在没有用处的地方，我们应当克服对注意力产生干扰的因素；为了把光线集中于某一点，我们使用凸透镜；为了把我们的思想集中于某一点，我们必须保持专注。

在日常生活中，我们经常被一些本没打算消耗精力的事情所干扰。临近的假期、诱人的美食以及各种纷繁的信息经常会出现在我们的头脑中，分散我们的注意力。我们的心思可能会被这些事情拉走，以至于忘记了眼前的职责和工作。

利用专注的方法对提高工作的完成质量有着至关重要的作用。

在广袤的地球上，如果以十平方米这种小面积来计算，人口流动密度最大的也许要数纽约曼哈顿中央火车站的问询处了。那里每一天都人潮涌动，匆忙的游客都争着询问自己的问题，希望马上得到答案。对于问询处的服务人员来说，工作的紧张与压力可想而知。疲于应对可能是他们的共同感受。

可是在问询处，一个胸前挂着组长标志的年轻人面对着游客的提问却总是应付自如。

在他面前的旅客，是一个肥胖的妇女，脸上汗水不由自主地往下流着。很显然，她十分焦虑与不安。问询处的年轻人倾斜着上半身，以便能更好地倾听她的声音。"您好，你想询问什么？"他把头抬高，集中精神看着这位妇人，接着说道："您要到哪里去？"

此时，有一位手提着皮箱，头上戴着礼帽的男子试图插入这个对话之中。但是，这位服务人员却视若无睹，只是继续和这位妇人说话："您要去春田吗？"他根本无需要看行车时刻表，就说："那班车将在15分钟之内到达第二站台。您不用跑，时间还多得很。"

女人转身迅速地离开，这位服务人员立刻将注意力移到那位戴帽子的男士身上。但是，没过多久，刚才那位胖太太又汗流浃背地回来问这位服务员："你刚才是说第二站台吗？"这次，这名服务人员却把精神都集中到那位戴礼帽的男士身上，待回答完那位男士的提问后，才又把注意力转移到胖太太的身上。

有人问那位服务人员："面对这样众多的提问和急躁的旅客，你是怎样保持冷静呢？"

那位胸前挂着组长标志的服务人员这样回答："我并没有和所有游客打交道，我只是单纯地处理一位旅客。忙完一位，才换下一位。一次只服务于一位旅客，却一定要让这位旅客满意。"

"一次只服务于一位旅客，一定要让这位旅客满意。"许多人在工作中把自己搞得疲累不堪，而且效率低下，很可能是因为他们没有掌握这个简单的工作方法——一次只解决一件事。他们总试图让自己具有高效率，而结果却往往适得其反。

我们要学习那位服务员的工作方式，一次只着眼于一件事情，并且集中精力，致力于出色地完成这一件事情。把其他的事情按照轻重缓急顺次安排下来，上一件解决之后，再着手解决其他事情。这样才不会因为事务繁杂，理不出头绪而顾此失彼，导致效率低下的局面。

一次只解决一件事情，并不是忽略其他的事情，而是循序渐进地完成你的任务。只有这样才会真正有效地处理好你身边的每一件事情。

5.工作可以枯燥，你不能浮躁

著名作家罗曼·罗兰说："一个人慢慢被时代淘汰的最大原因，不是年龄的增长，而是学习热情的下降，工作激情的减退。"

工作是实现成功的途径，但更应该是享受人生的手段。享受工作，也许一些人会嗤之以鼻，因为他们只是把工作当作谋生的手段，一种不得已而为之的生存方式。在他们眼里，工作只是负担、压力、疲惫，没有快乐可言。

林肯说："一些事情人们之所以不去做，只是认为不可能。而许多不可能，只存在于我们的想象之中。"享受工作也是如此，它的不可能只是一种想象，实际上，完全可以做到。

小周，传媒专业的本科毕业生，第一天来这家广告公司上班的时候，她穿着一件洗得发白的牛仔裤，一件纯白的棉衬衫，一张不施粉黛的脸，看上去只有十八九岁的样子。她的装扮给上司留下了不好的印象：连最起码的着装还没学会就来应聘——令人意想不到的是她居然还被公司留下。

先入为主的成见注定她和上司不和谐，但是小周依然每天像快乐的小鸟一样来上班。上司并没有给她安排多少事情，她却很少让自己闲下来，把办公室里里外外打扫得干干净净不说，还跑到别的科室去帮着别的同事打水扫地。

上班后，她就这样处理着一些没有多大意义的琐碎事情。

有几次,她实在没什么事情做了,就小心地问上司有什么需要她做的。其实,事情有很多,上司手头需要整理的材料有一大堆,可她不放心交给小周。于是上司用一种自己也想不到的语气来回答她:"急什么,总会有你做的事。不过,那些打水扫地的活儿,你也不必去做。公司里有勤杂工,你来这儿不会就为做这些吧。"小周的脸红了,急忙低下头。

之后的一天早晨,她在上司的办公桌上放了一张简陋的广告创意,可是,上司拿起来瞄了一眼,随手就把那张纸丢到脚边的垃圾筒里。小周眼里是满满的失望。"是你做的吗?"上司问。"是的,我做得不好,请您多指点。""嗯,下次吧。"

第二天上班时间,一张同样大小的纸又放在了上司的办公桌上,这一次比上次略微好些,但离上司的要求还相差甚远。上司再一次把它丢进垃圾筒,小周还是什么也没说,就转身退出了办公室。

接下来几天,小周每天上班都把自己设计的广告创意放在上司的桌上,每一次都会比前一次有一点儿小小的改进,但总体水平并没有多大的起色。终于有一天,上司开口了:"其实,你也许没有发现,你并不适合做广告这一行。因为你的创意没有一丝新意,干这一行没有创意是很可怕的。"小周的眼泪,在眼里转了好久,最终还是掉下来了:"谢谢您的指点,我知道了。但我也想对您说,不管我做得多差,每一次都是我努力的结果,而且,我也坚信,每一次我都比前一次做得好。这些虽然被您随意地扔进了垃圾筒,而对于我却是成长的经历,我会珍惜它们。"她从背后拿出那些曾经被上司随手丢进垃圾筒的广告创意。

以后，小周再没有将自己设计的作品放到上司的桌上，在公司里也沉默了许多。更多的时候，她只紧抿着嘴唇专心地做事，干好自己分内的事后，她把更多的时间用来看书学习。

有一次，老总派小周的上司去谈一笔很大的广告业务。本来一切顺利，不想在签约的前一天却出了问题。对方忽然打电话来说有另外一家广告公司的创意更适合他们，所以只好遗憾地终止合作。上司一听就火了，在电话里很不客气地驳斥对方不守信用。小周一直待在她的旁边，小心地问真的无法挽回了吗？上司用一种从未有过的失败感说："没用了，人家明天就签约了。""可是还没有到明天，说不定还有转机呢！"小周说。

第二天上班时间，小周没有像往常一样出现在办公室。快要下班时，老总满面喜色地走进来，身后的小周也满面春风。老总大声说："向大家宣布一个好消息，我们的小周为我们公司立下了一个大功。你们可能都没想到，她居然用自己的作品说服了我们的客户，为我们拉了一笔大业务。今天中午，我们要为她庆贺一下，做事情要的就是这种精神！"小周上司的脸红了。

此后，小周接二连三地拿出好创意，很快吸引了老总的注意，而排斥她的上司最终只得让贤辞职。

小周是不浮躁的典型例子，她没有因为上司的冷落而忘了自己的职责，而是努力上进、学习进修，最终付出得到了回报。

所以，在工作中，一个人不浮躁，才会学有所成，学有所获。

我们一定要安安分分地工作，不因外在的环境变化而打扰到内心的坚定。当然，任何一种工作都不会像你所想的那样完美，总免不了有一些瑕疵。但是，工作可以枯燥，你不能浮躁。你只要选择了所从事的工作，它就值得你用心去对待，只有通过对工作的投入和倾心，才能从中寻找到乐趣和享受，自然也就掌握了自己的命运。

6.把简单的事情做好，就是不简单

人，能一心一意地做事，世间就没有做不好的事。这里所讲的事，有大事，也有小事。所谓大事小事，只是相对而言。很多时候，小事不一定就真的小，大事不一定就真的大，关键在做事者的认知能力。那些一心想做大事的人，常常对小事嗤之以鼻，不屑一顾。其实连小事都做不好的人，是很难有大成就的。

有位智者曾说过这样一段话："不会做小事的人，很难相信他会做成什么大事。做大事的成就感和自信心是由小事的成就感积累起来的。可惜的是，我们平时往往忽视了它，让那些小事擦肩而过。"

勿以善小而不为，勿以恶小而为之。"小事正可于细微处见精神。有做小事的精神，就能产生做大事的气魄。"不要小看做小事，不要讨厌做小事。只要有益于工作，有益于事业，人人都应从小事做起，用小事堆砌起来的事业大厦才是坚固的，用小事堆砌起来的工作长城才是牢靠的。

有位女大学生，毕业后到一家公司上班，只被安排做一些非常琐碎而单调的工作，比如早上打扫卫生，中午预订盒饭。一段时间后，女大学生便辞职不干了。她认为，她不应该蜷缩在"厨房"里，而应该上得"厅堂"。

可是一屋不扫，何以扫天下。一个普通的职员，即使有很好的见解，想要被重用，也要受一段不短时间的煎熬，最重要的是要努力做出能让别人倾听到自己意见的资格和成绩，在别人眼里，你才能举足轻重，不易被人忽视。

因此，从小事做起的工作，年轻时就应努力去做好。

曾有一位人事部经理感叹道："每次招聘员工，总会碰到这样的情形：大学生与大专生、中专生相比，我们也认为大学生的素质一般比后者高。可是，有的大学生自诩为天之骄子，到了公司就想唱主角，强调待遇。别说挑大梁，真正找件具体工作让他独立完成，却往往拖泥带水，漏洞百出。本事不大，心却不小，还瞧不起别人。大事做不来，安排他做小事，他又觉得委屈，埋怨你埋没了他这个人才，不肯放下架子干。我们招人来是工作、做事的，不成事，光要那大学生的牌子干嘛？所以有时候，大学生、大专生、中专生相比之下，大专生、中专生反而更实际，更有用。"

现在，社会上有的企业急需人才，而有的大学生却被拒之于门外，不受欢迎，不被接纳，对此现象，该人事部经理算是道出了其中缘由。

人生真正的伟大在于平凡，真正的崇高在于普通，最平凡、最普通却又最伟大、最崇高。从普通中显示特殊，从平凡中显示伟大，这才是做人做事之道。

小事，一般人都不愿意做。但成功者与碌碌无为者最大的区别，就是他愿意做别人不愿意做的事情。一般人都不愿意付出这样的努力，可是成功者愿意，因此他获得了成功。

别人不愿意端茶倒水，你更要端出水平；别人不愿意洗涮马桶，你更要涮得明亮；别人不愿意操练，你更要加强自我操练；别人不愿意做准备，你更要多做准备；别人不愿意付出，你更要多付出。

每一件别人不愿意做的小事，你都愿意多做一点，你的成功率就会不断提高。

同事不愿做的事情，你去做；别人不想做的事，你去做。只要你能做别人不愿意做的事情，只要你能做别人不想做的事情，你就可以成功。

因此，成功最重要的秘诀，就是去做别人不愿意做的小事。

因此，做事不可以被大小限制，被时间限制，被空间限制。人生三不朽，曰立德、立功、立言。因而，需要具有超越自我、超越时空的观念，跳出大大小小的圈子，成就最普通而又最特殊，最平凡而又最高尚，最渺小而又最伟大的事业。

一个矿泉水瓶盖有几个齿？

虽然我们经常喝矿泉水，但你不会在意，刚刚拧开的那瓶矿泉水,瓶盖上会有几个齿。假如我拿这个题目考你,你一定会嗤之以鼻,因为这个题目太无厘头了。

一家电视台做了一期人物访谈,嘉宾是宗庆后。知道宗庆后的人未几,但几乎没有人没有喝过他的产品——娃哈哈。这个42岁才开始创业的杭州人,曾经做过15年的农场农民,栽过秧,晒过盐,采过茶,烧过砖,蹬着三轮车卖过冰棒……在短短20年时间里,他创造了一个贸易奇迹,将一个连他在内只有三名员工的校办企业,打造成了中国饮料业的巨无霸。

关于他的创业、关于娃哈哈团队、关于民族品牌铸造……在问了若干个大家感兴趣的题目后,主持人忽然从身后拿出了一瓶普通的娃哈哈矿泉水,考了宗庆后三个题目。

第一个题目:"这瓶娃哈哈矿泉水的瓶口,有几圈螺纹?"

四圈。宗庆后想都没想,回答道。主持人数了数,果然是四圈。

第二个题目:"矿泉水的瓶身,有几道螺纹?"

八道。宗庆后还是不假思考地一口答出。主持人数了数,只有六道啊。宗庆后笑着告诉她,上面还有两道。

两个题目都没有难倒宗庆后,主持人不甘心。她拧开矿泉水瓶,看着手中的瓶盖,沉吟了片刻,提了第三个题目:"你能告诉我们,这个瓶盖上有几个齿吗?"

观众都诧异地看着主持人,不知道她葫芦里卖的是什么药。很多人赶到节目录制现场,就是为了一睹传奇人物的风采,有的人还预备了很多题目,向宗庆后现场讨教呢。可是,主持人竟将宝贵的时间,拿来问这样一个无聊题目。

宗庆后微笑地看着主持人,说,"你观察得很仔细,题目很刁钻。我告诉你，一个普通的矿泉水瓶盖上，一般有18个齿。"

　　主持人不相信地瞪大了眼睛，"这个你也知道？我来数数。"主持人数了一遍，真是18个。又数了一遍，还是18个。

　　主持人站起来，做最后的节目总结："关于财富的神话，总是让人充满好奇。一个拥有170多亿元身家的企业家，治理着几十家公司和两万多人的团队，开发生产了几十个品种的饮料产品，逐日需要决断处理的事务何其繁杂？可是，他连他的矿泉水瓶盖上有几个齿，都了如指掌。也许我们可以从中发现，他走向成功的秘诀。"

　　人们恍然大悟，场上响起热烈的掌声。

　　不因小而失大，不因少而失多。抛弃大小的竞争，抛弃高下的念头，抛弃富贵的欲望，一心一意从小事做起，就是洗厕所、扫大街，也会比别人完成得更出色。

　　越是那种埋怨自己工作价值渺小的人，真正给他们一份难做的工作时，他们越是退缩而不敢接受。具有十成力量的人，去做仅仅需要一成力量的工作，其中有生命的意义和悠闲的心情。在长远的人生中，这种生命的意义和悠闲的心情对于人格的形成与扩展，有决定性的帮助。

7.成功不会光顾那些注意力分散的人

常人都说,艺多不压身。人们也常常羡慕那些多才多艺的人,可是现实生活当中为什么却出现"艺多压身"的现象呢? 难道真的说,多才多艺本身就是一个错误? 答案当然不是"是"与"不是"这么简单。

导致失败最根本的原因是不懂得聚焦自己的精力。因为一个人的精力是有限的,爱好太多,难免要分散精力,精力过于分散,就难以在一个领域里取得好的成绩,歧路亡羊就是这样的道理。

玉琴从小就喜欢写作、画画和唱歌,而且在这几方面她都极具天赋。她的作文常常被老师拿来当作全班的范文,画画也在各种比赛中频频得奖,嗓子也不错,每次她唱歌都会引发听者由衷的热烈掌声。其实除了这几项爱好之外,她还有很多的爱好,譬如说跳舞。

总之,在别人眼里她是一个多才多艺的女孩子,她也引以为豪。但是,后来这些才艺却给她带来了无尽的烦恼。进入高中,首先她就面临着发展方向的难题。她对写作、画画、唱歌的爱好程度不分上下,因此,对于一般人轻而易举能够决定的事情,却让她左右为难。最后,她听从父母的意见,选择了画画。

从高中开始,她参加了美术培训班。凭着自身的天赋,最后考上美院的艺术设计系。大一的时候,凭着自身的天赋,她的专业成绩常常是系里最好的,而且有多幅专业作品留校。可是到了大三,她就明显感觉有些力不从心了,她的专业水平从上等水平落后到中下等水平,直到大四毕业,她在专业上已经不具竞争力。其中的原因,她自己其实心知肚明,那就是她将大量的时间用在了写作和唱歌方面。没有办法,她难以割舍写作和唱歌,每次的校刊校报上,总是有她的文章出现,而且在大三时,她加入了学校的校刊编辑部,最后还竟选上了校刊主编。学校组织的每次音乐活动,也都会有她的身影。她后来组织一个乐队,她任主唱,为了锻炼乐队的水平,他们在各种酒吧"跑场",虽然他们的演出都是免费的,但他们乐此不疲。

　　在高速发展的信息时代, 人们获取信息及知识变得越来越方便,如果我们见到什么就学什么,什么热门就学什么,那么要花多少时间和精力才能全面发展呢? 全面发展的"全面"不应该理解为一个量的概念。全面发展的实质是个性、特长发展。全面发展关注体现全面的基本方面而非一切方面。个性发展的理念不仅更靠近了创造教育,也对德、智、体、美形成更确切的理解。

　　从这个意义上来讲,不必刻意追求"多才多艺",不要一看到别的人多才多艺,就感觉自己像个书呆子,什么也不会,责备自己一无是处。当然有条件的,有精力的,能适当发展自己的爱好特长陶冶情操,也是好的。毕竟一个人的精力有限,做事情要分清轻重缓急。人只有在心无旁骛的情况下,才能出色地完成一项任务。

　　一个人没有学历，没有工作经验，发展得也不全面，但是如果有一项特长，一处与众不同的地方，就可能得到社会的承认，拥有其他人不能获得的东西。可是在我们身边，许多人往往走入误区，譬如一些大学生在校读书期间，忙着考这证考那证，证书弄了一大摞，忙着做主持、当模特，业余兼职换了一个又一个，但毕业之后却很难找到一份合适的工作。原因是由于他们片面地追求"多才多艺"，分散了时间和精力，却忘记了专注去发展自己的特长。结果事与愿违。

　　一个人自诩有多种技能，但由于蜻蜓点水，钻研不透，反而不如拥有一项专长的人受青睐。

　　专注于某一件事情，尽力把它做到无可挑剔，你可能会比技能虽多但无专长的人更容易获得成功。

　　美国作家富兰克林曾在他的《哨子》里讲过，幼年时期，他曾为他的哨子付出了惨重的代价。成年之后，在他看到了那么多人为自己的"哨子"而付出惨重代价时，感慨道："我认为，他们所遭受到的人类极大的悲苦是由于他们对事物的价值作出了错误的估价而造成的，都是为他们的哨子付出了太高的代价。"

　　在现实生活中，许多人的"哨子"就是他盲目的"多才多艺"。他们往往也为其盲目的"多才多艺"付出代价。

　　比如，我们常常会遇到这样一种"多才多艺"的人才：会演奏乐器,会画画,会打球,爱好文学,爱好戏剧……好像就没有他不爱的东西,可是他真正能拿到台面的技能却一样也没有。他把全面理解成全,却忘记了全面发展的本质是发展特长。

删繁就简找到核心目标

翻开中国富人的历史,我们不难发现,许多人在发家之初,往往精通某一门手艺或掌握一门绝技。而正是这技艺为他们淘得第一桶金,并借此滚动增大财富。如刘永行、刘永好兄弟是养鹌鹑的行家里手,张果喜的木雕手艺远近闻名,而鲁冠球最初只是乡镇企业的一个小学徒。

而"艺高人胆大,技多不压身"就是虚荣搓就的一条绳索,无形无影,在你毫不察觉时将你从身到心束缚于其中,年月愈久,捆绑愈紧。

歌德说:"一个人不能骑两匹马,骑上这匹,就要丢掉那匹,聪明人会把凡是分散精力的事情置之度外。"昆虫学家法布尔也说过:"把你的精力集中到一个焦点上试试,就像凸透镜一样。"

人的生命和精力是有限的,因此,我们要学会像聚光镜一样,排除一切琐事的干扰,将所有的资料、精力、热情聚焦并锁定在你的目标上,如此一来,你不想成功都难。

将你的精力像凸透镜一样聚焦生活中

有许多这样的人,他们往往不懂得什么叫专注,觉得张三家的房子好看,也不考虑是否需要,也忙着去装修自己的房子;看到李四在炒股,也不管自己有没有炒股方面的知识,也跟着炒股,似乎总觉得自己的时间不够,要做的事情太多太多。到头来呢？由于自身精力不够，得了芝麻，丢了西瓜，空留一身懊恼。

1802年，英国派遣弗林达斯船长率双桅帆船驶向澳大利亚。与此同时，法国拿破仑也命阿梅兰船长驾驶三桅船鼓帆前往。经过一番航海较量，法国先进的三桅快船捷足先登，抵达并抢占了澳大利亚的维多利亚港。可是不久，好奇的法国人发现了当地特有的一种珍奇蝴蝶，为了捕捉这种色彩斑斓的珍蝶，他们忘记了肩负的重要使命，全体出动，一直纵深追入到澳大利亚腹地。这时，英国人的双桅船也开到了。等到法国人兴高采烈地带着蝴蝶回来时，澳大利亚，已经牢牢地掌握在英国人的手中了，而留给法国人的只是无穷的懊丧。

人生道路上会飞过许多"花蝴蝶"，如果你因为追求它们而忘记了自己真正的使命，就难免会丢弃了你的"澳大利亚"。毕竟一个人的精力是有限的，只是一味地追求新的目标，也不管它是否合适自己，只要看到新的东西就要追求，这样就显得非常的盲目，把自己最宝贵的时间就浪费掉了。就算有新的目标出现，我们也要牢记自己的使命，果断地作出决定，作好取舍，把不重要的目标丢弃，这样我们会明确自己的目标而全力以赴，直到成功。

与其诸事平平，不如一事精通，这是一种规律。

这正如一个人做事情将目标分开一样。成功不会光顾那些注意力分散的人。

8.未雨绸缪，防患于未然

一些人往往认为，在做事过程中遇到什么问题就解决什么问题，不用在做事之前就费那么大的功夫。恰恰就是这些人的这种观念、态度和做事方式，使得他们做事总是挂一漏万、错误百出。

春秋时，魏文王有一天求教于名医扁鹊："据说你家中兄弟三人，全都精于医术，那么谁是医术最高明的呢？"

扁鹊答道："大哥最好，二哥次之，而我是最差的。"

魏文王不解地说："爱卿谦虚了吧，既然你是最差的，为何名气却是兄弟之中最大的呢？"

扁鹊解释说："大王您有所不知。大哥治病，多是在病情发作之前，那时候病人还觉察不到，但大哥却早已当机立断，把疾病灭之于无形。当然，这也使得大哥的医术纵然盖世无双，也难以被世人认可。"

"二哥治病，多是在发病初期、症状尚不明显、病人尚未太过痛苦之时。这时候，二哥往往能够及时铲除病根。但也正因如此，乡里之人都认为二哥只是治疗小病小痛颇为灵验。"

"而我治病，大都是在其病情十分严重之时，此时病人通常痛苦万分，病人家属则心急如焚。这时候，他们看到我在经脉上穿刺、放血，或在患处敷药以毒攻毒，动大手术直指病灶，使重病病人的病情得到缓解或者治愈。于是，我便侥幸得以闻名天下了。其实，跟大哥和二哥相比，我的医术还差得很远。"

扁鹊这番话无疑是告诉我们："最高明的医术，不是事发后控制，而是事前控制。"也就是对魏文王暗示了一个道理，作为一个成功人士——"能防患未然于前，远胜于治乱已成之后"。

不少人都习惯于等到错误的决策和做事的方式造成了重大的损失时，才慌慌张张地去弥补，即使能补救，浪费掉的财力、物力、人力、时间也会比事前就进行控制多得多：工作失误要花时间来修正；产品质量出现问题要花时间来返工；技术不过关要靠培训来弥补……也就是说，一个本来用一天时间就可以完成的工作，却要花费很多人一周的时间来完成。一个原本可以花费一块钱生产出来的优质产品，却要很多人在弥补产品质量的问题上再花费一块钱！

为什么不事先控制好一切，主动把问题的祸害从根源上就清除掉？为什么不能一次就把事情做到位呢？

国内某著名时装公司，最近接了一批日本的服装加工订单。因为工艺相当复杂，一件时装要用到五种质地不同的面料，为此委托方专门派了一名职员过来监督。

这时候，问题出现了。按照常规第一步，中方员工总是把布料叠了很多层，然后在第一层摆好纸样，画线之后一刀裁下，这一剪子下去往往就是几百件衣服，既省工又省时。

但是，那个日本人每当看中方员工铺好一层布后，就立刻制止，不允许继续铺第二层布。中方员工很不理解，但日本人并没有作出解释，只是固执己见：铺好布料，摆好纸样，裁布，然后钮扣"定位"。

常规的第二步，不管多少件衣服，裁好后，量好钮扣的位置，然后一针"钻"下去，布上面立刻就钻出了一个小孔，然后流水线的工人就在这个孔的位置上，缝好扣子，锁好扣眼；而那日本人的做法是，每铺一层布，就用一种对人体皮肤无刺激的环保粉笔轻轻地在该位置上点一下即可，那种粉笔是他特意从日本带来的。

合同约定的五天时间很快就过去了，中国工人加班加点，按时交货。整个过程全部在日本人的监督之下，交货的时候倒不费事，但在包装的时候，日本人却信不过那台德国产的金属探测器，固执地从皮箱里拿出一台很小巧的强力磁铁器，每一件衣服都从上至下探过一遍后，才肯同意装箱。

临走的时候，那个日本人对部分员工说了一句话："你们如此辛苦，知道我们给你们多少加工费吗？人民币50元一件。而这样一件时装在日本要卖4000元人民币。其中有不少还要被你们到日本旅游的中国游客给买回来。有没有想过，为什么我们的衣服卖得贵，你们卖得便宜？原因就在这里，我们每一步都仔细，仔细到每一个扣眼。"

"我对你们这几天的辛苦表示敬意！不过你们虽然能吃苦、聪明、能干，但缺乏主动性，你们总是认为，只要把自己这个环节的任务完成了就可以万事大吉了。所以，只有从细节入手,从根源上杜绝出错的可能,你们的产品才能真正地对我们的产品构成威胁!"

企业也许需要"万金油""救火队员"式的员工,但是更需要那种可以未雨绸缪,防患于未然的人,因为重复和返工总是损失惨重的!

第九章

男人大可不必百口莫辩，
女人实在无须楚楚可怜

女人来自金星，男人来自火星。如果两个星球的人不能互相理解，这时，女人不妨选择沉默。

● ● ● ● ● ●

1.你越说，男人就越不做

女人总以为，如果自己多说几遍，兴许男人就会改掉某个坏毛病、坏习惯；或者会因为自己的唠叨，男人会在工作上、事业上更加努力，从而获得更大的成功。其实，如果你这样认为，你一定不是一个聪明的女人。

虽然爱唠叨几乎是女人的天性，但是女人的唠叨却是男人心中永远的痛。男人会因为你的唠叨而产生厌烦，并且，你的唠叨多了，男人也就无所谓了。更不堪的事实是，你的唠叨会给男人的工作和事业带来巨大的阻碍，同时也会给家庭生活带来伤害和不幸。

杨阳是一个非常出色的推销员，在公司呆了两年，每次到年底他都会比其他同事多领很多奖金，并且他还立志，在三十岁之前，一定要做一个出色的销售总监。

然而，自从他和波利结婚后，他的销售业绩就开始有了落差,这让他感觉非常痛苦。每天回到家里,波利就开始不停地唠叨:"今天卖出去多少啊?有没有做到大客户?是不是又被老板训话了?""你说你都干了两年多了,怎么也不见人家提拔你啊?你可看见了,咱现在的生活是越来越没有奔头了。对了,这个月的房租要到期了。你要不要试着换个工作啊,可不能老做个推销员啊。"

这让杨阳非常头疼,有时候连在公司里,都觉得脑袋里装满了波利的唠叨。一次,杨阳实在受不了了,就对波利说:"我这辈子就只能做一个推销员,你要看不下去就找别人去。"这样一来,两人就争吵了起来.后来,这样的争吵越来越多,最后两人离了婚。

和波利离婚以后,杨阳在那家公司继续做推销员。后来,一个客户非常赏识他的人品和能力,把他从原来的小公司挖走,一手提拔他坐上了一家大公司销售经理的位置。

很多男人在婚后都觉得他们过得十分不幸福,感觉自己的老婆失去了在恋爱时的所有魅力,每天就像个怨妇似的不断重复地唠叨。

在男人心里,最头痛的事不是没有成就、没有得到老板的赏识,而是心爱女人没完没了的唠叨。

如果女人唠叨是为了倾诉、为了发泄,比如对外界的人或者事情看不习惯,这些还好理解。对男人来说,硬着头皮坐下来当回听众也无妨,能够换来她的好心情也值了。问题是,大多数女人的唠叨是由于她们对男人的期望值太高, 或者按照自己的标准来约束别人,以致发现别人的不足而产生不满。

如此一来,女人的唠叨就成了没完没了的教育和训话。更让男人受不了的是,有些女人的唠叨是对男人事业失败的嘲笑和讽刺。本来一个男人在外面工作就够累了,回到家里,不仅得不到一丝的温暖和安慰,还要听女人的责备。

即便一个男人在事业上非常成功,如果遭遇一个女人无休止的、重复的说教,他也会从事业的巅峰上滑下来。

一个女人在家里对男人唠叨得多了,不但让男人心烦,弄不好会让男人产生逆反心理。你越说,男人就越不做,那不是适得其反吗?想必这样的结果不是你想看到的吧。你这样说个没完没了,说重一点就是对男人不尊重、不信任。既然你不尊重、不信任他,他又怎么会有动力去做好事情呢?因此,作为一个聪明女人,你一定要停止对男人的抱怨和唠叨,而是给他一些鼓励和理解,这样你才会从男人身上发现更多的改变。

2.你越追问他,他就越爱撒谎

有的男人天生就爱撒谎,尤其是在婚姻中。但是,谎言有时候不是完全地让人无法接受,有一些谎言纯属善意。比如,男人有一些小爱好、小兴趣,但是他的这些爱好兴趣是你极不赞成的,如果他做了这样的事情,害怕你生气,就会编各种各样的谎言掩饰自己的过失。

其实,他这个时候的谎言,也是为了维护家庭的和平和幸福,因为你知道了势必会和他大吵一架。为了不让你生气,他才会想到用谎言来隐瞒事实。这个时候,如果男人的谎言不是方向问题、原则问题或者会影响你们婚姻生活的本质问题,那么你即便知道他是在说谎,也就糊涂地敷衍过去吧。这样做不仅难能可贵,而且也是维持婚姻健康幸福的一门艺术。

李梅和丈夫罗成结婚两年,两人的婚后生活非常美满幸福。罗成的弟弟在另外一座城市上大学。有一次,他给罗成打电话要钱,说他交了女朋友,原来的生活费不够用。罗成觉得弟弟已经上了大二,接触一些女孩子也是正常,于是就准备打500元给他。

但是他自己手头的钱不够,而银行卡都在李梅那里,于是他对妻子撒谎说一位同事借钱,等到发工资了就还。

李梅知道罗成是一个自尊心极高的人。李梅是高干家庭出生,而丈夫罗成本来是从农村考上大学的穷孩子,但是,为了和李梅表现得平等,他一直吹牛说父亲是从部队复员回来,现在在地方当干部。并且家庭条件也不错,从来不会向妻子提出对家里援助。

然而,只有罗成自己知道,他省吃俭用,把自己节省下来的零花钱都寄给了家里。前两年,弟弟考上了大学,罗成只好把自己在公司得到的奖金什么的都寄回家里,对妻子说公司最近效益不好。但是,如今弟弟又谈了女朋友,他只好撒这个谎把存在卡里的钱再拿出一部分给他。

李梅偷偷地给罗成的弟弟打电话，知道了罗成的500元是给了弟弟，于是就对弟弟说："如果什么时候需要钱，就给嫂子打电话。"她每月都会给弟弟寄去生活费，并且叮嘱弟弟千万不要让哥哥知道。

某次，罗成带李梅回老家过年，村人都无不羡慕地说罗成是个孝顺的孩子。罗成有些纳闷，他并没有表现得有多孝顺，也没有经常给父母寄钱。后来，从父母那里才了解到，原来妻子一直以自己的名义给父母钱。这让他感觉特别惭愧，他说以后再也不会对这样贤惠的妻子撒谎了。

要想长久地维系一段婚姻，很多时候就不能计较，女人不要没事就审问男人、追问男人，你越追问他，他就越爱撒谎，久而久之，撒谎就成了家常便饭。聪明的女人，应该学会做个观众，对他的卖力演出拍手叫好。你越是这样，男人就越是信任你，也对你越是忠诚。

丈夫喜欢喝点小酒，有事没事就会找朋友同学聚聚，每次带着一身酒气回来，妻子自然不满。但是这位聪明的妻子并没有对此大吼大叫，只是故意装傻充愣。

丈夫的谎言不外乎就是：今天单位加班；公司开会了；陪客户吃饭，不得已啊；今天有个同事过生日请客，大伙都去，我不去不行等等之类。

妻子心如明镜，明知是谎言，却并没有揭穿他。反而是百般的关心,别太累了,别太晚了,注意身体,注意安全。后来,妻子的关心让丈夫越来越觉得心虚,他决定向自己的妻子坦白,并且坦言,面对这样大度的妻子,他再也不喝酒了。从此他不但戒了酒,也对自己的妻子更加疼爱呵护。

聪明的女人心里知道男人的谎言,她们会装糊涂,但她们并不是真糊涂。如果女人非要把男人的谎言揭穿,非要把男人的心思看透,到最后,受伤的人只会是她自己而不是男人。

其实,丈夫的谎言不是为了掩饰错误,有时候只是一种善意的欺骗,是为了让妻子高兴才说了违心的话。因此,在婚姻中,有时候装糊涂反而会让你获得幸福。聪明的女人懂得用一点小技巧来让男人们心服口服。

3.给他一顶高帽子,并让他努力达标

女人喜欢被男人宠,这是每个人都明白的事实,但是,如果我们稍微留意一下,我们便可以明白同样道理,男人也需要女人的哄!

没有一个男人不喜欢听赞美之词,女人的赞美和鼓励,能使男人发挥超强的创造意识和能力。聪明的女人都明白,如果你不时地给男人戴一顶合适的高帽,男人便可创造出你想象

不到的成就。

苏烟在一家外企工作，月薪五千多，但是老公自从前半年辞职以后就一直没有找到合适的工作。朋友有意无意地问起苏烟关于老公的事，苏烟就说："其实，我老公比我能力强多了，不管是电脑知识，还是英语口语，都超级棒，这一段时间他身体状况不太好，所以也不急着找工作。"

有一次，一位同事来家里做客，苏烟留同事在家吃饭。席间同事夸奖菜做的好吃，苏烟就说："平时我下班回来，都是老公给我做菜，我老公菜做得可好了。"同事问："你老公做什么工作的？""他刚辞职，打算换一个能够充分发挥他的才能的工作，不过我老公业余能力也很棒。我们家的电器坏了都是他来修理，他还经常写一些散文诗歌什么的投到报纸和杂志上。"老公在一旁听了，心里美滋滋的。

苏烟从来不催促老公找工作，相反，她经常会鼓励他、称赞他某些方面有多好，这给了丈夫非常大的信心。之后的几个月，老公终于在一家外企找了一份管理的工作，并且因为他工作努力，学习能力很强，不到两年的时间，便被公司派出去带薪深造。

其实，每个人都会有这样一种心理，如果你经常赞美他，鼓励他，觉得他这个人能力很强，那么他也会从心里接受这样的暗示，觉得自己的能力真的很强，即使没有预期的那样，也会努力达到这样的效果。

然而,如果你老是嫌他这不好、那不好,那么即使他原本并不像你说的那样,每到做事情的时候,他也会在心里产生焦虑感,他会担心自己做的事是不是会被人批评、指责甚至鄙视。因此,其实明明是他能做好的事情,这样的心理也会使他丧失信心,甚至开始退缩。

一个聪明的女人知道怎么去触发男人的创造力,她不会不厌其烦地数落他的缺点和不是,而是经常提及他的优点、长处,不失时机地赞美、夸耀他,而男人因为得到这样的鼓励,才更自信,更容易发挥自己的优势。

赵敏发现最近老公越来越胖,肚子都有怀孕四个月那么大了,担心老公的健康,赵敏一个劲地督促老公去减肥,她说:"你看看你那肚子,怎么就不能注意点饮食呢!懒得跟头猪似的,你就不能天天早起一会去跑跑步啊,迟早有一天,你会连门也出不去。"

面对妻子这样的打击,老公却总是不屑地说:"我就爱吃,我就不喜欢运动,你管得着吗?肉又没长在你身上,你嘀嘀个什么。"

后来有一天,她带一个做瑜伽教练的朋友到家里,看到她老公,瑜伽教练就说:"你老公非常适合做瑜伽,虽然他胖了点,但是他的体格正好是做瑜伽的料。"

老公闻听此言,便开始询问起关于瑜伽的种种,赵敏就接着瑜伽教练的话说:"是啊,他瘦的时候,身材可好了,以前我们去度假的时候,在海滩上,许多美女都会多瞅他几眼。"听了这些话,老公心里美滋滋的。

之后,他便开始和赵敏的朋友一起练瑜伽,没多久,身体明显比以前瘦了,赵敏就使劲夸赞:"看不出来啊,你进步这么快,人家减肥要好几个月,你才多久小肚子就小多了,再练一段时间可以去参加选美了。"老公听了这话,心里更是美。于是他一直坚持练习瑜伽,并且主动控制了饮食。不到半年的时间,便成功减去了30斤肥肉。

面对男人的过错、退步,如果你一味地斥责,只会让他对自己也失去信心,相反,如果你能给他戴一顶合适的高帽,不但能让他充分发挥自己的潜在能力,也能让他在事业的路上昂首阔步。一个聪明的女人,更懂得赞美丈夫的成功和能力,远比打击或斥责他带来的进步大。因此,如果还想让你的丈夫发挥更大的才能,就给他一顶舒适的高帽戴吧。

4.躲入洞穴的男人——请千万不要逼问个不休

基本上,男性解决问题的方式是很"专注"的,一遇到问题,他们首先会仔细思索"该怎么办",而通常采取的策略是"我先独自解决看看"。这是因为在社会化的过程中,对男性而言,最重要的两件事就是"能力"与"成就",因此他随时随地都要证明自己的能力，所以当事情发生时，会告诉他的她"没事"，其实真正的含义是"没什么事是我不能自己解决的"，而不见得真的没有问题。

但对于惯于把问题摊开来谈的女性而言，则很难理解这个意境。

当她们听到对方说"没事"，直觉地以为对方表达的讯息是"你别管我，我不想和你说话"，这种话可是杀伤力极大的，令女性觉得自己被心爱的人拒之于千里之外，因而感到伤心难过。

仔细想想，许多两性之间的博弈都是这么产生的。

如果女性能够了解另一半这时需要独处一下，让他看看球赛，转移一下情绪，同时可以借机独自思索一下问题的所在。在有了头绪之后，他总会主动自洞穴中出来，并作说明："前几天老板叫我去办公室，说要派我去欧洲分公司，我实在不想去，所以考虑了好几天，今天婉转地向老板陈情，他答应改派别人去，现在没事了！"

所以男性在解决问题时，采取的是"集中焦点"的思考方式，而且习惯一个人去解答，不论你自觉有多委屈，也请试着相信他之所以入洞，并不是针对你来的，而是为了尽速解决自己的情绪问题，以便再出洞时，又是一条好汉。

因此请千万不要逼问个不休，令男性没有喘息的余地，此时能做的最好的事，就是在他入洞时以体谅的语气告诉他："等你想谈了，我随时奉陪。"

赵敏的先生做项目经理6年了。过去,夫妻之间感情一直都很好,忙是忙点,但是日子过得井井有条。四个月前,她先生的工作出现了问题,国外的一个项目没有达标,对方明确提出了换人的要求,她的先生被换了下来,暂时闲置起来。开始他只是发发牢骚,还自嘲说"可以休息一下了",但是过了一个月,他听说"老板把新的项目给别人了,可能自己半年内会没有事情做";又过了一个月,他说"是不是应该辞职了,老板到底还想不想用我,不用吧,也给我一个小活,带着一个兵,用吧,暂时又没有新的项目,让我闲置着"。两人商量之后决定先不辞职,再看看。但是赵敏先生的状态越来越不好。每天晚出早归,回家做饭,但是吃得很少;经常看着电视发呆,或者躲到屋里玩游戏,甚至上黄色网站;生活中话明显少了,不爱谈工作的事情,也不爱谈别人的事情。

赵敏很想给他打气,但是他躲开了。他甚至开始伪装自己,显得很无所谓。赵敏发现他很敏感,听到自己讲工作中的快乐故事或者不愉快经历的时候,都有一种强装的认真感。为了让老公早日振作起来,赵敏开始发动自己的人脉,积极为老公介绍新工作,希望新的工作能激起老公的斗志。正好有个熟识的客户需要一位客户经理,赵敏就积极介绍老公过去。没想到当她把这个好消息告诉老公时,不但没有得到老公的感谢,反而激起老公更大的怒火。他甚至对着赵敏喊:"你是不是觉得我没本事,只能靠你帮忙。"随即冲出家门。

男人最大的恐惧之一,就是他还不够好,或者是能力不济,不能满足女人的需要。他害怕女人小看自己,他无力驱除这种天然的恐惧感。正因为这样,他不断"修炼",发奋图强,把更多的时间和精力,用在力量和能力的储备上。"成功"、"成就"和"效率",在男人的生活中,往往是最重要的方面。有时候,男人胆战心惊地觉得,女人对他毫不在意,他的心里极不是滋味。他也不想当着女人的面,表达他的爱意和温情。

正像女人害怕接受一样,男人害怕给予,这成了他们永远的矛盾。在火星人的词典里,给予,就意味着风险,意味着随时碰壁,遭到拒绝。一旦"不幸言中",火星人就会痛心疾首,心灰意懒,甚至破罐破摔。同样,在男人的潜意识里,有着一种错误的观念:他还不够好,他远远谈不上出色。这种感觉,往往形成于孩童时期。人生道路上的种种挫折,使得他的观念不断强化。男人的表现得到肯定,自然会欢欣鼓舞,若是他的女人不在乎他,他就可能自轻自贱,斗志全无。

低谷中的男人,往往不接受低谷中的自己。几乎所有的男人都会认为自己应该是一个事业顺利和成功的人,而不应该遇到这么大的挫折和失落。他们觉得不公平、没面子,对外界充满了排斥感。他们想让自己快点走出低谷,但是越急,压力越大、心情越糟糕。

其实,对男人而言,"低谷"恰恰是一个可贵的职业经历;过去的顺利会让一个男人陶醉于自己的成绩,而忽视了自己的短处;会在并不平坦的道路上习惯地往前冲,而没有防范脚下的风险;会像跑车一样只顾着奔跑,但忘记了持续的"保养"和"维修";会局限在一个狭窄的上升通道中,而失去了更多的选择机会。

　　所以，短暂的低谷意味着暂时的后退；这样的经历对男人来讲，正是认识自己、认识职场、自我改进、调整方向的最好时机；这种低谷，来得越早越好。

　　所以，作为女人，不要急于让你的男人脱离低谷。此刻，最好"狠下心"来，看着男人承受一段时间的折磨；让他在低谷中安安静静地思考和体味；而这个时候，女人做的最有价值的事情，就是像往常一样相信他，喜欢他。

5.男人需要的不是建议而是信任

　　女人都希望自己能成为男人的得力帮手，但在主动请缨、充当"谋士"或"后盾"这件事上，女人要格外小心，以免伤害你心爱的男人。

　　孙阳和马小凡要去参加聚会。聚会的地点不算远，但20分钟以后，驾车的孙阳，还在同一个街区转来转去——显而易见，他不小心迷路了。马小凡忍不住提出建议，让孙阳打电话求助。孙阳一言不发，冷着脸，继续寻找"迷宫"出路。最终，他们赶到了聚会地点。整个晚上，孙阳的情绪都很低落，两个人之间气氛很是紧张。

马小凡不明白孙阳为何情绪低落。她不知道,问题恰恰出在她给孙阳的建议。

毫无疑问,马小凡完全出于好意。她的意思也很明确:"我是爱你,关心你,才主动帮助你,连这个都看不出来吗?!"

孙阳却不这样理解。他觉得尊严受到了冒犯。从妻子那里,他当时听到的信息是:"我不指望你能凭你的本事,把我们及时送到目的地。你的方向感差极了,让我不敢恭维。你真不是个能力很强的男人!"

迷路的孙阳,在同一个地段绕来绕去时,对马小凡而言,其实是天赐良机——她可以向孙阳展示她的爱,她的信任。在那样的时刻,孙阳是脆弱而无助的,他需要温暖和抚慰。实现这一点,并非有赖于马小凡的建议。马小凡应当保持沉默!马小凡应当信任孙阳可以辨别方向,找到出路,最终赶到目的地。

信任,是马小凡送给孙阳最好的礼物。对于孙阳而言,信任的感觉如此重要,如此美好。孙阳对于信任的渴望,就如同马小凡从他那里,得到芬芳的玫瑰或热烈的情书一样!

给予男人不请自来的建议,或擅自充当男人的援兵,结果就是得不偿失。在男人眼里,这是你对他进行抱怨和批评。这让男人心灰意冷,斗志全无!当然,出于爱、出于温情,你才会那样做,可你的建议和主张,像一把刀子,扎在男人的自尊之上,让他无限痛楚。他的反应可能非常激烈,他觉得你把他当成了孩子!而且,在他的脑海里,或许浮现出多年以前,他的母亲对父亲严厉指责的情形!历史惊人地相似,往事浮上心头,让他痛楚难当。

通常说来，当女人提供不请自来的建议，或试图"帮助"男人的时候，她不知道，对于男人而言，她有多么挑剔，多么缺乏爱意！

但凡有骨气和抱负的男人，大多有着强烈的自尊。他想在心爱的女人面前证明：他可以不靠别人，"单骑闯关"，哪怕要闯的"关"微不足道(比如驾车赶到餐厅，参加朋友的聚会等)。相对某些大事而言，他对小事格外敏感。这似乎颇具讽刺意味，但又在情理之中——"她连参加聚会这样的小事，都对我缺乏信心，又如何相信我能成就大事呢？"

在婚姻生活中，男人需要的不是良师益友，而是一个让他轻松愉快的爱人。

6.只有傻瓜才会坚持一定要男人先让步

俗话说："床头吵，床尾和。"夫妻间共同生活，要碰到和处理许多生活中的烦心事，争吵几句在所难免。

但是，你必须事先懂得游戏规则，什么规则呢？很简单——让步。吵过架以后担心自己先道歉，以后就会被轻视或没面子等等，这是非常不理智的想法。聪明的女人，绝对不会做吵架后再与丈夫冷战三五天的蠢事，她们深谙让步之道。

　　只有傻瓜才会极度坚持一定要男人先做让步。这样做对自己没有一丝好处，要知道男人的自尊一般都比女人强。聪明的女人应该在吵架后，不失时机地说："刚才是我不对，别生气了嘛！"这样一场危机就可以轻松化解了。

　　姚女士最近刚刚结束了一场失败的婚姻，她与丈夫分手的原因很简单——不断升级的口舌之争。日常生活中，两个人经常会为了一些鸡毛蒜皮的小事争吵起来，比如晚饭应该到哪家餐馆吃、应该什么时候生小孩；甚至对方言语中一句不恰当的形容词，也可以成为他们吵架的源头。

　　日复一日、不断升级的争吵，让他们的婚姻渐渐失去原有的温情。终于，在结婚两年后的某一天，疲惫不堪的丈夫提交了离婚申请书。姚女士将婚姻的破裂归咎于"性格不和"，可在离婚后的一个星期，丈夫和她的一次长谈让她颇感意外：丈夫所痛恨的，并且最终让他下决心离婚的主因，竟然是姚女士在每次争执后所说的"负气话"。

　　如果男人有预知功能，并且可以选择终生伴侣的话，相信多数人都会毫不犹豫地选择在争吵时能够主动让步的女人。会退让表示她有眼光，懂得把握分寸，能看透四周情势，也能理解男人的特点。同样，夫妻争吵中能让步的女人，面对外来的挑战时绝不会懦弱地退让，可以坚强应对。这样的女人绝对是男人的福星。

　　反之，不肯让步的女人会一味地坚持己见。固执于"我是对的，是你不对"这种观念的女人不懂得生活情趣，固执古板，撞着南墙还不知道回头。她只认为夫妻吵架不是你死就是我活,甚至男人道歉了,她还绷着个脸,而不懂得夫妻间吵架的奥妙。所以,她的婚姻生活总是最不幸的。

在婚姻生活中,夫妻之间难免会发生摩擦,如果你希望自己的婚姻生活能够顺利,就必须先学会说:"对不起!"

听起来简简单单的三个字,真的要说出口,却有如千斤重,其实这三个字我们天天都在用,但在面对自己最亲近的人时,却是十分不容易说出口。

所以我们必须先做好心理建设,那就是夫妻吵架无所谓输赢之分,谁是谁非绝不可能明明白白。

所谓"清官难断家务事。"就是这个道理。

另外要知道的就是,在双方摩擦之后,重修旧好的关键在于你的选择,而这个"选择"必须来自其中一方的让步。

所以,第一次吵架可说十分重要,因为,这是互见对方"庐山真面目"的机会。不但印象最为深刻,更可以藉此深入了解对方,知道对方对什么事情最敏感,对什么最不能忍受,以及他(她)的心理所能承受压力的限度。大可以好好利用这个机会,"察言观色"一番。

如果你认为恩爱夫妇之间,也难免会有嫉妒、烦恼和生气等情绪出现的话,不妨允许对方偶尔生一下气。

当这些情绪真正发生在你们之间时,不需要过度惊慌失措,因为这并不意味着你们之间已经"感情破裂"了。

也许对方是因为工作上的原因而情绪低落,因为你恰好就在身边,所以就把气出在你身上,或没有向你表达应有的关心及关怀,但这暂时的不愉快并非你的过失。在这种情形下,你可以温柔地问:"亲爱的,真抱歉！如果我做了什么事惹你生气,请告诉我好吗？"

如果答案是否定的,你或许可以多问一句:"如果心里有事,可以告诉我吗？"

如果对方不愿说,你就不需要再打扰对方的思绪。

要知道,问候是你在这种状况下所能给予的最好安慰,有时不须说出口,只是一个眼神,或一个亲密的小动作,都会让对方感到无比温馨。

7.揪他的"小辫子",只会让他讨厌你

夫妻两人生活在一起,就要学会互相包容,是人都会犯错,男人犯点错误也是人之常情。但是抓住男人的小辫子不放,只会让男人越来越讨厌你,讨厌这个家。

李珊珊恋爱了,对象和她各方面都协调,但就是有前科:他与前女友同居过很久。一般人都知道保护掩藏隐私,可也有些人会以为,"过去的事儿都发生在认识你之前, 就算有过刻骨铭心,也不存在对不起你的问题",因此他能很坦诚地交代过往,能说的都说了,包括曾经的深情和现在的平静。他想,我已经把自己交给现任了,那个早已成为历史遗迹的前任,从此

与我无关了。

可是说者放下了，听者却放不下，李珊珊有事没事就想起他的前任。她比对自己跟那女人的照片，衡量她们间的所有短长区别，最后即便对比结果是自己从头到脚都强于他前任，她还是心生愤懑："这厮那么轻易地与人同居，且同居对象还是那样那样一个女人……是不是说明他饥不择食？他把最痴情的岁月都给了别人，还能剩多少爱留给我？"假设男人前任的条件要比她好很多，她的纠结就更难解开了，她会翻来覆去地想："他是不是被年轻貌美的姑娘甩了，就拿我当急救纱布用呢？他是不是看我就像个给他看门生娃的贱内？"

越合计越心慌，越琢磨越气馁，李珊珊很快变成了她假想情敌的刺客，每天用同一根针使劲戳她自己和男人。她问男人与前任相处时的各种细节。他曾经给前任花过不少钱，她就把他的收入全抓过来、要男人用实际行动证明他的心里现在只有她。然后她假装不经意地和男人聊过去，每每涉及男人的前任，她都会不着痕迹地评断，那女人欺骗了男人的感情。就算当初是男人辜负了人家，她也会把他前任定位在"人贱人哀"上。

"羡慕嫉妒恨"这词儿实在太生动了，它能把现任对前任的所有诋毁和不满都诠释清楚。每一个做现任的女人其实心里都知道，他回不去了，他再也回不到从前了，可女人们还是妒火中烧，哪怕男人再三地用体力财力精力向她保证，"过去别人得到的都没有你的零头多"，她还是以为自己吃亏了，亏在迟到上。做一个不知足的后任,远比做一个打头阵的前任要辛苦很多,主要辛苦在算计上。

　　好在男人也明白,一般和他要"羡慕嫉妒恨"的,还是爱他的女人,多数是哄哄就能相安无事、还能因此给平静平凡的感情增加点小刺激,所以男人开始一直笑着忍着、哄着吓着。少数哄不了也吓不住的女人,她们老是揪着男人的小辫子不放手,揪紧了、男人头皮被揪痛了,他就想夺路而逃了。经常有女人写信诉说男人因她揪辫子,最终"忍无可忍、揭竿而起、翻脸无情",女人一再强调"是他自己不能和历史划清界限",却忘了她们曾经多么爱纠缠多么能找事,直到把男人的耐心全缠没了、把男人的火气也给撩起来了,男人头也不回地走远,她倒一唱三叹地反思个没完了。很多女人的智商永远低水平徘徊,不知看男人脸色,作起来就无法无天,最终让可能爱过她们的男人都逃之夭夭。

　　女孩子大多都梳过马尾辫,因而知道头发扎起来长得快不说,还能提神。但若是始终被皮筋拽着头皮,那也不是一件舒服事儿。辫子绑在自己头上,只要不是太紧,谁都受得了,若因为辫子在别人头上,你就可劲儿拽人家的头发、可劲儿扯人家的头皮……人家一定会喊疼、会要求松绑的。女人都以为抓住了男人的小辫子,就可以威胁,可以发威。要知道男人是最讨厌别人抓自己的小辫子了,即使是心爱的女人,也会让他不舒服。

8.哪怕不在朋友面前谈他,也不能谈论他不好的地方

相信大家都看过这样一则笑话:有那么一个人,喜欢在朋友面前吹他如何如何不怕老婆,经常当着人说:"在家,我称王称霸,老婆才不敢管我哩!""你在家是什么?""是老虎!"恰巧,他老婆听见了,厉声问:"你说什么!"他马上恭恭敬敬地说:"我说我是老虎,你是武松。"

虽然这只是一个小小的笑话,但是我们不难看出,不管一个男人在家里怎样"惧内",在朋友面前都要撑足了场面,绝不能让朋友觉得自己是个"耙耳朵"。但是很多女人都会像笑话中的妻子一样,只想自己逞一时威风,却从不考虑老公的颜面何存。在朋友面前失了面子的男人,回到家会和妻子发生怎样的矛盾,那就可想而知了。

晓筠是一个典型的霸道型女人,不管在家还是在外面,从来都不给老公面子。一天,他老公的一个朋友安东过生日,邀请他们去参加。现场气氛非常热闹,当男人到旁边喝酒的时候,一帮老婆们就开始了闲聊,谈的都是家长里短。

晓筠一上来就开始细数老公的种种不是,还一副恨铁不成钢的样子:"我们家那位整天就知道混日子,一点上进心都没有,抽烟喝酒一样都不落下,偶尔让他做顿饭简直不能入口,你们说他怎么就那么笨呢?看你们一个个的日子过得有滋有味,

真是羡慕啊……"

因为晓筠的声音特别大,所以旁边的男人们都听到了,朋友们还拿晓筠的老公大开玩笑,虽然都是善意的,但是她老公却一点都笑不出来。回到家,从来不愿意和妻子针锋相对的老公和老婆开战了:"你怎么能那样说话,难道就不能在朋友面前给我留点面子吗?你羡慕人家是吧,那好啊,既然你觉得我一无是处,那就离婚……""我说的本来就是事实啊,再说大家都是那么熟的朋友,谁不知道你是这副德行,离就离……"

就算老公的确不是很出色,那也不能当着那么多朋友的面将老公贬得一文不值。既然觉得他一无是处,当初干嘛选择他托付终生呢?最后不仅让老公丢了面子,让朋友们看轻他,还让自己的幸福受到了严重的伤害,自己也一肚子气,何必呢?

所以,哪怕不在朋友面前谈起老公,也不能谈论他不好的地方。而聪明的妻子往往懂得怎样满足老公的"虚荣心",让他在他的朋友面前能够扬眉吐气,这也是她们能够一直得到老公疼爱的原因。

周末,若楠的老公和几对夫妻朋友约好一起去野外郊游。到了目的地,他们架好烧烤工具,准备边吃边聊天。几个男人到一边打牌去了,因为若楠的老公不喜欢打牌,所以就负责给大家烤东西吃。

女人们看到后,都异常羡慕地对若楠说:"你老公真好,不像我老公,只知道打牌,偶尔让他带带孩子,他都嫌麻烦……"

"我老公也是，平常懒得要命，回到家就像一滩烂泥，动都不动一下……""就是就是，我老公要是有你老公的一半好，我就相当知足了……"若楠微笑着看看忙碌的老公，说道："是啊，我也觉得非常幸福。他不仅工作努力，给了我想要的生活，而且回家之后从来不叫苦叫累，看到我又要做家务又要带孩子，他心疼得不得了，总说要请个保姆。因为我不肯，所以他只好自己帮我了，每天的晚餐都是我老公做的，别看他平时工作忙，可是厨艺也是相当好……"

听了若楠的话，所有人都对她老公连连称赞。若楠的老公喜不自禁，在朋友面前感觉倍有面子。后来，老公问若楠："那天干嘛把我说的那么好？你不知道那几个臭小子都羡慕死我了，说我娶了个好老婆，不像他们的老婆，只会在朋友面前数落自己，感觉特丢面子。""我老公本来就很好啊！"听了老婆的话，若楠的老公充满了幸福，他发誓这辈子都要好好爱她。

当一个女人在老公的朋友面前骄傲地谈起他的时候，任何一个男人都会感到异常兴奋，因为他们的虚荣心得到了极大的满足。而在这种愉快心情的驱使下，男人都会觉得自己的面子都是老婆挣来的，也许他们表面上不会说出对女人的感激，但是实际上他们会更加疼爱自己的老婆。

聪明的妻子都深谙此道，所以如果你想要获得更多的幸福，切忌在老公的朋友面前指责他、数落他，而最有效的做法就是在他朋友的面前骄傲地谈起他，相信给了他面子的你一定会收获他更多的爱。

第十章

这样说孩子才肯听，
这样听孩子才肯说

也许面对你的喋喋不休，你的孩子在心里或背着你大喊："烦死了！""烦透了！"只是你没听到罢了！

· · **·** **·** **·** ·

1.你属于哪一类的"唠叨型家长"?

身为家长,每天都可能有很多烦心事儿,最烦心的莫过于孩子的叛逆、不听话了。殊不知,父母们也有让孩子感到特别"头疼"的地方和烦心的事儿,那就是父母的唠叨。很多父母总在孩子身边唠叨个不停,这个怎么样,那个又如何……于是,很多孩子开始不耐烦,进而厌烦家长,甚至顶撞父母。

烦心的父母们哪里会知道,孩子的不听话、逆反,正是自己没完没了的唠叨逼出来的!

听听吧,这些声音很多父母肯定再熟悉不过:

"妈妈,我求您别说了!您说了好多遍啦!"

"知道了!知道了!您有完没完啊,我耳朵听得起茧啦!真是烦死了!"

有资料显示,九成以上的孩子认为家长"太唠叨",以下是一些孩子倾吐的"苦水":

"我妈妈什么都好,就是太爱唠叨。她的唠叨说不准什么时候就会发作,而且如果她一唠叨准没完,有时能够持续半个多小时,说来说去总是那么几句。我一直都生活在老妈的喋喋不休之中,我都怕了她这位唠叨女侠了。我一直认为,凭她那张嘴去参加武林大会一定是天下第一。"

"妈妈对我的学习很重视,没事就叫我好好学习,什么学海无涯苦作舟,要头悬梁锥刺骨,要有时间的紧迫感不能放松自己,去学校要认真读书不要贪玩,学习一定要尽最大最大的努力,最近成绩退步了,学习不好就上不了重点高中,看看人家某某某学习多好,你一定要考上一个大学为我们争口气……我妈天天这样唠叨,也不管人家爱听不爱听,我本来还有些决心和抱负,心情也不错,结果被她这么一唠叨,连学习的兴趣也没了。"

"每天放学回到家里,妈妈就唠叨开了:快去做作业吧!今天有多少功课要做?语文作业是什么?数学作业是什么?当我拿出作业本时,妈妈又会千叮咛万嘱咐:把字写工整了!把头抬高点!腰挺直了!把窗帘拉开,小心眼睛!作业写到中间时,妈妈还忘不了时时干扰:现在做完几样了?抄错题了没有?题目做对了没有?抓紧时间,不要磨蹭!妈妈,您整天这样在旁边吵吵闹闹,就没有想过我怎么能安静下来做功课呢?"

"妈妈的唠叨是我生活中的一项重要内容,大到做事做人,小到生活起居,她总是对我唠叨个没完。早上一起床她就唠叨开了:快点,快点起床!动作要快,不然要迟到了!在餐桌上她的唠叨也从来不停:要细嚼慢咽不能狼吞虎咽,维生素对智力发育有益，一定要多吃些菜，掉在桌上的饭粒要拣起来！背起书包去上学，她又开始唠叨了：骑车要小心，要注意红绿灯，小心不要撞了别人！就是外出春游，妈妈也忘不了唠叨：带水了没有？吃的东西够不够？路上注意安全，不要到处乱跑。本来挺高兴的心情都给破坏掉了。"

"我有的时候会上上网，可爸妈整天在我跟前唠叨网瘾的事，我觉得很烦，因为我相信自己并没有多少网瘾，上网也只是和同学们聊聊天放松一下，可他们却经常教训我说：又上QQ了？真想不通你怎么就爱搞不三不四的东西，什么QQ？既耗时又无聊，去网上找点资料不是挺好吗，听英语也可以嘛，快把那QQ给关了。如此不能理解我，有时我真的想永远离开这个家！"

"人人都有妈妈，但我觉得我的妈妈特别烦人，整天唠叨个没完。一丁点事她就可以唠叨上半天，像磨豆腐一样没完没了，她的话虽多但讲不到点子上，天天老一套，让人听起来既单调又乏味，我早就听腻了，听得耳朵都长茧子了。"

……

父母们看到孩子们这些心里话，也许会感到委屈：我们再怎么唠叨，不都是为了孩子好吗，不正是爱他们的表现吗？他们为什么不能理解呢？

确实，普天之下所有的母亲没有不爱孩子的，但是，父母用唠叨来表示爱，效果会怎样呢？你唠叨太多太久，孩子的耳朵真的起"茧"了。也许面对你的喋喋不休，你的孩子在心里或背着你大喊"烦死了！""烦透了！"只是你没听到罢了！

一个让孩子产生"烦死了"的念头的家长，教子话术显然有待提高。父母要把话说到孩子心里去，而不能靠一次又一次的重复和没完没了的唠叨。俗话说："好话不说二遍。"说十次不一定比说一次有效。父母要让孩子听话，首先必须改变唠叨的习惯，掌握用一两句话就能打动孩子的说话艺术。

家长唠叨的原因不在孩子身上，而是在自身。父母要改掉唠叨的坏习惯，就要勇于反思，从自身找原因。

大致而言，父母的思想、性格、观念差异和教养方式等，会导致对孩子的唠叨。

思想上，父母大多将所有的希望都寄托在孩子身上，有的父母甚至将自己当年未实现的理想也寄托到孩子身上，想让孩子去实现自己不能实现的理想。这样简单的理想"位移"，十有八九会给孩子增添一股无形的压力。孩子实现了父母的"理想"，当然是皆大欢喜，而一旦家长发现孩子没有按照自己预期的步骤去做，便会为了加强"督促"，不自觉地就开始了"强化教育"——唠叨。

据心理学研究分析，一般性格软弱和紧张型的家长容易唠叨。唠叨是不相信自己的表现，由于不放心，才会一次次地重复，就像有人出门的时候，不相信自己已经关好了门，还要重复去看一次一样。软弱和紧张型的家长不相信别人已听见自己的话了，当然也不相信孩子会照着自己的话去做，所以要重复，要唠叨。

观念上，随着孩子渐渐长大，接触的事物越来越多，对事物逐渐产生自己的看法和独立思考的能力。而父母这一代，跟子女成长的时代不同，接触的事物也有很大的差异，有些父母往往不能正视这一点，以老观点、老办法看问题，把自己奉行的观点反复强加到孩子身上，而不从子女的角度去思考，更不了解子女在想什么。

教养方式上，一些父母乃至祖父母骄纵、溺爱孩子，养成了孩子骄横、任性、贪图享乐的习惯和唯我独尊的心理，这样的孩子不听话是很自然的了。有的家长明显感到言语教育不起效果了，又没找到其他的好办法，于是错误地认为，遇到孩子不听话，一次不听，就说两次，两次不听，就说三次，三次不听就说五次，直至十次八次，只要自己多说几次，他们总会听进去吧。

不同的家长，唠叨的原因可能各有不同，但总体上可以分为以下几类：

关心呵护式唠叨。这是一种无意识的爱孩子的本能。父母认为这是为孩子好，为孩子着想。孩子还小，自控力差，做事常常顾此失彼，丢三落四，所以需要大人不断提醒。以至于对孩子照顾得无微不至，事无巨细都会叮嘱又叮嘱：出门衣服要多穿；晚上睡觉要盖好被子；吃饭时不要看电视；放学了不要在学校逗留，早些回来……这类家长把孩子当成永远长不大的小不点，对孩子事事不放心，不敢放手让他受点苦，去经历风雨，不放心他独立做事。唠叨的结果是：孩子产生了依赖心理——反正有人提醒我。因而变得懒惰，散漫，没有责任感。培养独立生活能力成了一句空话。

催促命令式唠叨。有的孩子性格活泼,顽皮贪玩,在父母眼里看来是不听话、不自觉、不好管教的孩子。父母认为他需要有人催促,像皮球一样,踢一下才动一下。于是,"该做作业啦!""到睡觉时间了,该上床啦!""不要在外面玩得太久,七点前要回家!"的命令声在孩子耳边定时响起。当然,对于还没有养成良好作息习惯的孩子来说,适当的催促是应该的;但是,当催促过多过量,孩子就算听从你的话了,也会在内心对你产生抵触或怨恨情绪,疏远了亲子关系。

习惯批评式唠叨。特别是有些母亲习惯了对家庭成员比如丈夫的唠叨,自然也会以同样的方式对待孩子。这也和家长的性格有关,有些家长属于那种喜欢说个不停的人,似乎一天不唠叨就不舒服。这类家长会把唠叨紧紧挂在嘴边,怕孩子不上进,怕孩子还会再犯错。但后果是,孩子在心理上与你的距离疏远了,因为没有孩子喜欢听你不断地批评和指责。

发泄不满式唠叨。工作上的压力,生活中的不愉快,人际关系的紧张,家庭的不和睦,对孩子的期望值太高等,都会影响父母的情绪,而父母的情绪又会直接影响到孩子。经常看到这样的家长,孩子考试没考好,就对孩子大发脾气:"你看你,怎么就这么笨!人家某某都比你考得好!怎么就这么不争气!气死我了!""你怎么就这么没出息呢,长大了去扫厕所算了!"这类家长实际上是在发泄自己的情绪,孩子成了他们的出气筒。他们根本不去体谅孩子的心情,不去考虑孩子的心理承受力,最后受伤的只能是孩子。

你唠叨的原因是什么呢?你属于哪一类的"唠叨型家长"

呢？反躬自省一下,是大有益处的,因为这有利于你自觉地改掉唠叨的毛病,成为会说话的父母,成为受孩子欢迎和尊敬的父母。

2.喋喋不休,不如问到点子上

家长对孩子进行全方位的培养和教育，关键是掌握好说话的方式与分寸。如果对孩子反复数落,喋喋不休地指责,使用的方式大多为机械地重复，时间长了，孩子除感到厌烦以外,更重要的是根本听不进去。一项调查表明,"我最喜爱的父母是讲话精练、有重点、不唠叨",这就是孩子们的心声。

亲子教育专家张勤女士介绍说:有一天下午,她突然被儿子的小学老师叫到学校。在老师的办公室里,老师当着儿子的面向她抱怨：你这个孩子是多么多么地淘气……老师甚至使用了很多难听的字眼,而她一听,却觉得都是没什么大不了的事儿。小男孩子嘛,淘一点很正常。事隔多年,她仍然觉得心痛:"当时我儿子站在一旁,老师就那样数落他,孩子吓得缩在墙角一个劲儿地哭！一路走,孩子一路哭,任我怎么安慰也停不下来。"突然间,她想到:老师是专业的教育工作者,可是,连他们都不能百分百做到跟孩子顺利沟通,那么家长和孩子间的沟通,是否会出现更多问题?从此她开始潜心研究如何当一个好家长。家长是一个全新的角色。在我们有孩子之前,谁也没当过家长,也没有人教我们怎么当家长;而当我们刚学会怎样给小学一年级的孩子当家长时,孩子又升到了二年级,我们的经验又不够用了,这个过程是周而复始的。她说:"教育不是把水桶灌满,而是把火点燃。"

点燃熊熊烈焰,有时只需要星星之火;打动孩子的心,有时只需要只言片语。家长对孩子说的话要发挥效力,要诀在于少而精。简洁是智慧的镜子,而唠叨则是教子乏术的表现。因此,父母通过语言对孩子施以及时的、有效的引导时,要提高说话质量,减少唠叨数量,使得每一句话都掷地有声,都能说到孩子的心里去,都能在孩子心中引起反响。

要想以最少的语言,达到最佳的家教效果,父母应该做到:尊重孩子;正确把握孩子的心理状态;针对孩子的个性特征;选对说话的时机;施以正确引导;讲究批评的艺术;以身作则,教子先正己等。在本书后面的章节里,将对这些问题展开详尽的探讨。

家长在特别想唠叨的时候,最好先忍一忍,改变一下方式,试一试"把唠叨变成提问"。

比如,孩子在写作业时,却同时打开了音响,家长一般就会唠叨"一心不可二用"。其实这些丝毫不起作用。如果能换成提问:"你为什么做作业要听音响,这里有什么科学道理呢?"这时,家长可能会听到一些过去闻所未闻的知识,什么音乐会激活大脑，左右脑需要协调等。当然，如果家长是个乐于学习的人，就会在最新的资料中看到：通过科学对比实验证实，音乐虽然能激活大脑，但是总的效果还是不如专心致志地学习。家长拿出这个新信息，再和孩子交换意见，这和唠叨相比恐怕要高明千百倍！

有时候，孩子的某个做法明显不对，家长尽量不要直接指责，更不要揪着小辫子不放，说个不停。与其直接向孩子说教"这样做的坏处是什么什么"，还不如向孩子提问，"说说这样做有什么科学根据"，或"如果换种做法效果会如何"。在父母的提问和启发下，孩子自觉地发现和改正自己的错误之处，那就再好不过了。

具体而言，父母把唠叨变成提问，至少有三点好处：

其一，有利于融洽亲子关系。父母一般都是高居于孩子之上的，很少和孩子平等地对话。如果父母能向孩子虚心提问，孩子肯定会受到震动，当然乐于给父母解答，不会感到厌烦。

其二，有利于激发孩子开动脑筋。提高孩子思考能力的方法之一，就是不断地向其发问。孩子们有时做事情并没有动脑筋，或是随大流，或是随意做；当他们听到问题时，就必然要动脑筋思考，久而久之就养成了爱思考的良好习惯。

其三，有利于了解孩子目前的真实认知水平。提问之后，可能会出现两种情况：一种是通过孩子的回答，了解了孩子目前的真实认识。如果孩子的认识是错误的，这时父母再进行教导，哪怕是现在开始唠叨，也比一开始就唠叨强。因为这时父母了解了情况，属于"有的放矢"，而不是"心有成见"。还有一种更可能发生的情况是:孩子的回答不仅正确,而且非常精彩,大大超过父母原来的认知。这时父母反而会暗中庆幸"幸亏我们没有先唠叨,不然真在孩子面前现眼了"。

当然,家长向孩子提问时态度一定要和蔼,更要虚心;不能摆着架子,把提问整成"提审",变相为"审判式"唠叨。

3.磨破嘴唇,不如动笔交流

孩子容易把父母说的话当成耳旁风,但如果你写成文字,孩子就不会不注意了,这样更容易触动孩子的思想。

如果你看过《曾国藩家书》,就会知道原来曾国藩用一份份感人至深的书信教育兄弟子侄,造就了曾门人才辈出的奇迹。

傅雷是我国著名的翻译家和教育家,他写给孩子的《傅雷家书》,经久不衰,至今仍在重新印刷。以书信的方式,用平实、语重心长的话,表达了自己对孩子成长成才的关心和指导,读来备感亲切,至今仍是许多人用以教育孩子的经典之作。

大多数人往往把书信用在具有一定空间距离的交往中。尤其是现在,通讯工具越来越发达,人们写信的机会也越来越少了,当父母和孩子同处一室的时候,就更觉得用不着写信了。但在教育孩子方面,写信交流是一个非常好的办法。当你觉得和孩子进行口头交流效果不太好的时候,当你希望自己的话语充分引起孩子关注的时候,就可以用这种方法,即使你和孩子近在咫尺。

　　有位妈妈到学校接女儿时发现, 女儿在课堂上的写字姿势很差,眼睛离书面最多10公分,而且写作业的速度在全班倒数5名内。这位妈妈回家后很严肃地和女儿谈了半个小时,最后不免声音又硬又狠,惹得弱小的女儿哭了起来。第二天女儿就没有和妈妈说话。这位妈妈着急了, 于是决定给女儿写封信。当女儿收到这封信时,眼睛放光,因为这是她收到的第一封信呀! 看完后,女儿跑过来紧紧抱住了妈妈。

　　女儿能从妈妈的一封简单的信中读出平等、尊重,当女儿紧紧抱住妈妈,母女间的所有不快与芥蒂也就烟消云散了,这何尝不让做母亲的欣喜呢?

　　父母在写信的时候大多平心静气,思路清晰,是一种“润物细无声”的教育方式。而且,父母与孩子进行书信交流,内容可涉及孩子学习生活的各个方面。

　　于秀娟是一位很优秀的母亲, 她善于运用书信的方式对女儿施以影响和教育。她给女儿写的信主要有三项内容:关于读书,关于花钱,关于成绩。于秀娟举例说:
　　女儿小学毕业前夕,提出要拿钱给同学们买纪念卡,以表达几年来同学之间结下的真挚友谊和浓浓的情感, 这是人之常情。面对女儿的合理要求,我们无法打击她的热情,便答应下来。晚上,我经过一番思考和准备,给她的抽屉里放了一封信。在信中,我给女儿算了一笔经济账,详细列出了她一年来为同学、为朋友过生日、送礼物等的种种花销,同时我还引用了一篇来自贫困山区希望小学的报道,里面介绍了几位不畏生活困难、勤奋读书的小学生。随信我还附上了几张我亲手做的精美贺卡,里面还夹着自制贺卡的方法。第二天,女儿看到了信,她先是缄默不语,静静地思考。接着,她惊讶地说道:"真是不算不知道,一算吓一跳。我竟然花去了几百元,够那些小朋友几年的学费呢!"她拿起了我给她做的贺卡,爱不释手地看着,说:"哇,这贺卡比买的还棒,妈妈手真巧,我也要做,我要跟您比一比……"

特别要强调的是:由于现在很多父母都很忙,纷纷选择将孩子送往寄宿学校。孩子可能一个月才回家一次。家长与孩子交流的时间就更少了。有时,孩子打电话回家,也只有寥寥数语,很少深入交流;有时,孩子回到家中,父母由于各种原因也忽略了与孩子交流。即使有部分家长想与孩子交流,但很多孩子不好意思将自己内心的想法当面对父母讲。这样就让两代人之间的沟通越来越少,父母在教育孩子方面好像无力可施,有的家长干脆把教育孩子的责任全部推给学校。其实,家长可以采取书信的方式和孩子进行交流。写信能表达出父母内心中对孩子最真挚的情意,孩子在读信的时候也能从字里行间体会到父母对他的关爱,亲情的激发就是一种珍贵的教育。当孩子给你回信的时候,他们也能够充分表达自己心中的喜怒哀乐，并且在写信的时候锻炼文字表达能力。

父母与孩子以书信的方式进行心灵的沟通，应把握好以下几点：

给孩子写信要有真情。 写信给孩子之所以是一种好的交流方式，就是因为这种方式很感人，是父母真情的流露。如果父母不能倾洒真情于信笺上，写信也只能流于形式。如可以把心里话写下来，放在孩子的床头，但是别急着问他看了没有或者看了之后怎么想的。孩子肯定会看的，不过他看了之后可能什么也不说。等到你又有心里话了，可以接着写第二封、第三封信。

掌握写信时机。 当有些事情父母无法说出口的时候，或者与孩子冲突升级的时候，父母与孩子写信交流，可能比当面开口效果更好。因为父母写信时心情会平静下来，说出的话会中肯一些，而孩子看到父母的信，自然会有反思，可能会更容易理解父母的苦衷。

写信要有重点。 除了把该交代的事情说完外，还应提出要求与希望。写希望要有侧重点，每次最好提一两点或两三点，提要求不能太笼统，要有针对性，切合实际。如果要求太多，孩子在短时间里难以做到，即使做了，也容易囫囵吞枣，落实起来也是纸上谈兵。

鼓励孩子回信。 孩子回信，可以充分了解他的思想、学习等现状，以便对症指导。况且，一封书信如同一篇作文，经常写信，是练笔的好机会，有利于孩子作文水平的提高。特别是写信可以锻炼孩子的思维，增加条理性。同时，写信可以练字，有助于孩子写出一手好字。

给孩子回信要及时。书信要有来有往,不能只是儿女写,父母不及时回。事情再忙,也要挤出时间给儿女回信,因为孩子在那一头盼着呢!

还有一种交流的方式,这就是使用便条。

便条是一种简单的书信交流方式,内容都非常简单,大多数都是一些临时性的询问、留言等,往往只用一两句话就可以完成。

在日常生活、工作中,人们可能会有一些简单的事情需要告诉别人,在因为某种原因而无法见到对方时,为了传递信息,就可以采取写便条的办法。

便条是一种简化了的书信,常用于朋友、同事或家庭成员之间。如果父母有什么话要告诉孩子的时候,可以给孩子写个便条;如果父母要对孩子提出什么要求,也可以给孩子写一个便条,然后再就便条的内容和孩子进行讨论。如果孩子有不同意见,可以进行修改。

下面是一位家长平时写给孩子的便条内容:

(1)未做事,先做人;做人第一,做事第二。

(2)做好人,才能做好事;做好事,才能立好身,处好世。

(3)学习是终身的事情,任何时候都不能满足,要与时俱进。

(4)方向明,目标清,行动快,不动摇。

(5)玩乐要有度,远离黄、赌、毒,追求健康生活,保持健康心态。

(6)对长辈要尊敬,不能顶撞家长,语言上不能带脏字和口头语。

（7）经常反思自己的错误，从改正自己的错误中进步，不断修正自己的状态。

（8）不断总结经验，积善扬长，加速前进。

（9）每天要再三地反省自己的言行。

（10）每天主动把自己的学习情况告诉家长。

很多孩子都不愿和父母谈论自己的学习情况，可是，如果孩子每天回到家里都能主动地向父母介绍一些学校里的事情和自己的学习情况，父母一定是非常开心的。使用小便条，不仅可以给忙碌的父母带来方便，而且还可以促进正常的亲子交流，融洽彼此的亲子关系，使孩子健康成长。

4.听懂孩子的"话外音"

虽然做父母的已经为孩子付出了很多，可是，越来越多的父母还是发出了这样的抱怨：孩子怎么离我们越来越远了！我们都不知道他们每天在想什么！

孩子们为什么不想和父母说话呢？因为他们认为："跟父母说也没有用。"在孩子刚要开始说话的时候，很多父母都会用老祖宗留给我们的金科玉律"小孩子有耳没嘴"来搪塞孩子想说的话。长此以往，孩子的心灵就会被封闭。在这种情况下，怎么能够听懂孩子话里的弦外之音呢？

如果你不知道孩子的哪些话里面有弦外之音,那么,就先看看下面的孩子是怎么说的吧!

情景一

看见邻居家的小朋友手中拿着一个冰激凌,儿子抬起脸庞,天真地对爸爸说:"爸爸,天气好热啊。"

爸爸说:"怎么会热?"

情景二

妈妈对女儿说:"不要再看漫画书了!"

女儿回答说:"妈妈不是说让人快乐的书就是好书吗?漫画书让我快乐,不也是好书吗?"

母亲愕然,只好回答了一句:"……作业写完了再看吧。"

情景三

君君说:"爸爸,老师今天表扬明明了。"

爸爸说:"是吗?那你可要好好向他学习啊。"

说完了这句,父亲发现儿子的眼神竟有些黯淡。

……

父母们根本就不知道,自己的孩子已经学会使用"话外音"了?明明是想吃冰激凌,却不说想吃,而说天气热;本来是想看漫画书,却不说自己想看,却反问父母"妈妈不是说让人快乐的书就是好书吗";本来是想要得到父母的表扬,却不说,而是告诉爸爸"老师今天表扬了明明"……面对闪现在孩子身上的这些微小细致的智慧,有时候,真是不得不叫我们做父母的"佩服"。

为了听懂孩子的话，为人父母者首先就要听懂孩子的"话外音"。仔细琢磨孩子的"话外音"。

陈先生的女儿很有个性，特别有主见。

一个星期天，陈先生带着女儿到街心公园放风筝。在公园门口，陈先生对女儿说："你去放风筝吧，玩得开心点，不过要注意自己的安全。我到那边去看看。"

顺着陈先生手指的方向，女儿笑了笑。她知道，爸爸想去看别人下象棋。

女儿笑着说："好的，爸爸，不过我该怎么做？是玩得开心点，还是要注意自己的安全？"

陈先生听出了女儿的"话外音"：如果你允许我开心，那么我就无法保证自己的安全；如果我必须关注自己的安全，那么我就可能玩得不开心。于是，陈先生笑了笑，说："小心点吧，安全第一，其次才是开心。"

读到这里，我们不得不佩服孩子的这些小智慧。作为家长，千万不要小瞧自己的孩子，他们其实是很聪明的。当你面对这样的孩子，和这样的孩子进行沟通的时候，千万不要直白地理解，否则很容易误解孩子的意思。为了让自己和孩子的沟通进行得顺利，当孩子出现了"话外音"的时候，要为他们感到由衷地高兴。

最近一段时间,健健总是在"唱反调":明明是他喜欢喝的果汁,可是等妈妈将果汁倒进杯里的时候,他却说:"不喝。"

外婆很疼健健,健健也很爱外婆,可是,当妈妈带他到商场去为外婆选择生日礼物的时候,他却很不高兴地说:"我不愿意让妈妈给外婆送礼物。"

爸爸出差回来,问健健:"这几天,想爸爸没有?"他明明很想,却回答说:"不想!"事实上,就在前一天晚上,健健还因为想爸爸哭了一场呢。

如果遇到上面的这些情况,做家长的,就要仔细解析一下孩子的"话外音"了。

学会听懂孩子的"话外音",就是当孩子讲述一件事情的时候,不只是要就事件本身与孩子探讨,而要分析孩子的"话外音"。比如,当孩子对你说"不喝"的时候,其实,就表明他是想喝的;当孩子说"不喜欢妈妈送礼物给外婆"的时候,其实是想自己买个礼物送给外婆;当孩子说"不想爸爸"的时候,其实是在说:"我很想你。"聪明的父母一定是可以觉察出这一点的。

童童今年5岁,正在上幼儿园。星期五下午,童童的妈妈去参加儿子的家长会。会后,老师向童童的妈妈反映:在幼儿园,童童经常不和其他小朋友说话,也很少看到他和别的小朋友在一起玩。有时候,老师要小朋友们一起出去散步,他都不愿意去。

童童的妈妈听了老师的话,想了想:每天去幼儿园的时候,童童总会哭;可是,下午奶奶去接又说孩子的情绪很好。妈妈有点担心儿子不愿意去幼儿园,便问儿子:"怎么回事?"

儿子回答说:"妈妈,他们都不愿意跟我玩!"

妈妈听了之后,说:"他们不与你玩,你可以主动找他们玩呀。"

但是,孩子却说:"我就不找他们玩,谁让他们不找我玩的。"

……

遇到童童这样的孩子,做父母的应该怎么做呢?当孩子说"妈妈,他们都不愿意跟我玩"的时候,很多妈妈都会说:"他们不跟你玩,你可以主动找他们玩呀。"但是,这时候,孩子往往会进行反驳:"我就不跟他们玩,谁让他们不跟我玩的。"妈妈这样说,不但不会消除孩子的烦恼,还会引起了孩子的不快。

如果能够体会到孩子"话外音"所表达的心情,当孩子发现自己被妈妈理解了的时候,他会感到很欣慰。这时候,妈妈可以说:"哦,他们不跟你玩,你很生气?"

为了和孩子实现畅通的交流,当发现孩子的表达不再直白而是有些拐弯抹角的时候,一定要给予深深的理解,听懂孩子的"话外音"。

有些家长可能会觉得,孩子这么小怎么就学会这样说话了,这都是从哪里学的呀?其实,孩子能够通过一些非正面的描述来表达自己的想法,并不一定就是孩子学坏了。从某种意义上说,孩子有了这样的举动,只能说明孩子的思考能力加强了,思维活跃程度提高了。

当孩子已经学会了"话外音"这一表达方式的时候,父母根本就用不着为此过于大惊小怪,而要以平常心对待,积极应对,争取搞明白孩子的的真正意图,这样,才不会给孩子造成不适感和挫败感,才能实现和孩子的畅通交流。

5.善问、巧问、启发式提问

作为家长,要学会"问"!因为"问"也可以引导孩子成功。

不同的问话方式体现了不同的教育理念和方法。我们可以从下面的问话中,看出其中的差异:

问话一

孩子幼儿园放学了,中国妈妈来接孩子。回家的路上,孩子和妈妈便有了一段对话。

妈妈:今天在幼儿园吃什么了?

孩子:鸡蛋汤、香蕉、米饭……

妈妈:你今天学什么了?

孩子:老师教我们简笔画了,我画了一只小青蛙,老师还表扬我了呢!

妈妈:今天,有人欺负你吗?

孩子:没有!

妈妈:今天老师布置什么作业了?

孩子……

问话二

孩子幼儿园放学了,美国妈妈来接孩子。回家的路上,孩子便和妈妈有了一段对话:

妈妈:你今天过得怎么样,开心吗?

孩子:今天我们做了垒城堡的小游戏,很有意思,我们都开心极了。

妈妈:今天发生了什么有趣的事吗?

孩子:做游戏的时候,皮特不小心摔了一跤,我们都笑了。

妈妈:你今天给小朋友们展示了什么作品?

孩子:我今天画了一幅世界和平的图画。我带回来了,你回家可以看看。

……

通过比较,我们不难发现,中国父母比较关注孩子的生活情况和学习情况,而国外父母则把注意力更多地放在了孩子的情绪情感、兴趣和能力的培养上。

中国妈妈的关心本来是无可厚非的,但是,这样的提问方式会让孩子过多地关注自己的生活和学习过程,而将自己情绪情感的变化忽视掉。美国妈妈的问话方式,更容易让孩子产生一种聊天的欲望,一旦有了表达的意愿,孩子就会对自己的所作所为有所感触,会对明天的生活产生向往。

美国妈妈的提问方式，内容具体而明确，孩子知道如何回答。在这个过程中，孩子说得多，这对父母进一步了解孩子的学习情况、活动情况是很有帮助的。

生活中，父母几乎每天都会给孩子提出这样、那样的问题。比如：早上送孩子上学时、下午接孩子放学时、在家吃完饭的时候等等。父母要利用好这段与子女共处的时间，多创造良好的机会对孩子进行"提问"，因为，多"问"也有助于孩子的成长。那么，该怎样向孩子提问呢？

问到点子上

当今社会，人们都在为了生存而追求自身的利益，但是，我们不能只顾在大海中乘风破浪而抛弃了对孩子的关注，身为父母，需要在闲暇时间要多地问问孩子。因为，对孩子进行提问，会对孩子的一生产生重大的影响。如果想问孩子一些问题，就要将这些问题问到点子上。

儿子已经是一名高一的学生了，为了开阔儿子的视野，每天晚上，钱女士都要和儿子上半小时的网，有时候，两个人还会对上面的时事要闻发表一些意见。

一天，钱女士在网上看到这样的一篇报道：

"……老人是在四天前来的深圳。老人在路上吃力地蹬着三轮车，一不小心碰到一名中学生。中学生见老人碰到了自己，立刻就躺到了地上。老人见自己的车子撞了人，马上停了下来。他不停地点头道歉，可是，中学生却不屑地说：'道歉有什么用？先去医院……'"

钱女士看了之后，不禁脱口而出："怎么会有这样的孩子？儿子，如果在这件事情中，当事人是你，你会怎么做？"

儿子显然也很生气："老人不小心碰到了一个人，本来是一件小事情，可是，这个学生却不依不饶，还召集来一帮人，一起对老人进行了恐吓。真不知道当时这群学生是怎么想的，他们怎么就不设身处地为背井离乡的老人想想。"

为了引发孩子对道德的思考，故事中的钱女士给孩子提出了问题。这里，她并没有面面俱到地提出很多问题，而是直接便将问题提到了点子上。对于这个问题，孩子给出了令人满意的答案。所以说，提出类似于这样的问题时，父母一定要问到点子上。

多用启发性提问

引导孩子多提问题，能够开启孩子的智慧之门。同样，让孩子积极地回答问题，也是帮助孩子强化思维的好办法。其中，启发性提问作用尤为显著。因为，孩子无论是在学习还是在玩耍的时候，如果在你的诱导下自己得出了答案，那么孩子一定会非常高兴，并且孩子在兴奋的同时还会变得更自信，成就感也会油然而生。

王女士平常就特别注意对4岁的儿子小北进行启发性提问。一天，邻居家的小男孩兵兵来找小北玩。

王女士便走到两个小家伙面前说："小北，你想和兵兵玩什么玩具就自己去取吧。"

小北说："妈妈，我想玩拼插玩具，但是兵兵不想玩。"

王女士笑着说:"那你是想换一种玩具玩呢，还是想跟兵兵一起玩拼插玩具呢？"

"和兵兵一起玩。"

担心儿子与小伙伴谈不妥,王女士就没有走开,继续在旁边观察。只见儿子与小伙伴小声地说了几句话,然后两个人就开始玩起来了。为了鼓励和进一步了解两个小家伙的合作情况,王女士便轻轻地走到他们身边。

小北一看妈妈过来了,不等妈妈开口,他便兴奋地说:"妈妈,快看我和兵兵插的飞机和大炮,好看吗？"

"真是太棒了！跟兵兵一起玩玩具高兴吗？"

"高兴！"

"那么,是你一个人玩拼插玩具好呢,还是跟兵兵两个人玩好呢？"

"跟兵兵一起玩好。"

"为什么呀？"

"因为我们两个人一起玩能够做出更多好玩的东西。"

就这样,王女士在一次又一次地启发性提问中让儿子自己总结出来了合作的好处。

父母们,不妨也来试试多用启发性提问。其中对孩子常用的启发性语言可以参考以下几种:

你看到的是什么样子呢?

你发现了什么不对的地方吗?

宝贝真厉害,看看还有没有其他的解决方法?

下雨会对我们的出行造成不便,但是它就没有好处吗?

……

通过这些启发性的提问来引导孩子积极地思考,从而让孩子自己得出结论。这不仅可以满足孩子对事物的好奇心和探索欲,同时还会使孩子提高思维能力和想象能力。

适量采用趣味式提问

孩子的智力是在"好奇——满足——好奇"的过程中得到发展的,对于求知欲旺盛的孩子来说,最大的快乐莫过于揭开奥秘后所体验到的愉快和满足。为了激发孩子的好奇心,就可以在适当的时候,采用趣味式提问的方式。

一天,婷婷一个人在客厅里玩耍,妈妈在厨房做饭。百无聊赖的她对一个精致的芭比娃娃产生了兴趣,想拆开来看看芭比娃娃的肚子里装了什么东西。可是,拆开以后,就再也恢复不了了。

当妈妈看到被"肢解"的芭比娃娃时十分生气,可是,她还是压住了心中的怒火,问:"你怎么将芭比娃娃拆开了?"

婷婷举起手中的芭比娃娃给妈妈看:"我以为她的肚子里有宝贝!"

听了女儿的话,妈妈说:"你将娃娃的肚皮弄了个洞,娃娃不会疼吗?"

婷婷说:"会!"

"既然你知道,那为什么还要拆开娃娃的肚子呢?"

婷婷说:"要不,你和我一起将这个娃娃重新组装好吧!"

如果父母不了解孩子的好奇心,而把这些现象看成是捣乱、淘气,对孩子提出的问题采取冷淡、漠不关心和搪塞的态度,不但不利于孩子智慧萌芽的生长,而且还会挫伤他们求知的积极性。所以,为了激发孩子的求知欲,父母一定要注意提问题的趣味性。

6.千万不能嘲讽孩子

在孩子身上,父母最希望看到的是成长与进步。从父母那里,孩子最希望得到的是赞赏和鼓励。不明智的父母对孩子一句公开的嘲笑或讽刺,就可能使孩子失去自信。因为,没有什么比父母的嘲笑或讽刺更能打击孩子的自尊。

李杰是一个事事追求完美的孩子,每做一门作业,都希望做得最好,因此每天放学后,总是有做不完的作业。

因为力求完美,李杰花在作业上的时间很多,以致晚上睡得很晚。睡眠不足,上课时便无法集中精神,如此恶性循环下,李杰的成绩便每况愈下了。

而李杰两个弟妹却聪明伶俐,相比之下,李杰便成了父母心目中的笨孩子。

李杰的妈妈经常在亲友和邻居面前公开嘲笑他："瞧你那副蠢样子！你真是一头笨驴。"从此，"笨驴"李杰便成为父母、邻居和同学嘲笑的对象。李杰心中亦觉得自己很笨、没有用处，原本不大理想的成绩更见低落，直到15岁才勉强完成小学课程。

李杰自知无法升读中学，也觉得自己比别人笨，只有出来工作。由于李杰对自己失去信心，每份工作都做得不好，甚至被老板开除。后来李杰一家搬走了，便再没有他的消息了。

从以上这则事例中，足可见父母如经常嘲笑和讽刺孩子，对于孩子的负面影响是何其深远！

每个孩子都有他的优点，也有其弱点。当弱点显现，导致他在某件事上失败时，有些父母就会对孩子采取嘲笑和轻蔑的态度去数落他、贬抑他。

父母的用意可能是想刺激孩子的奋发心，使他再次振作起来，可是这样做不但无法产生正能量，反而会导致不良的结果。

孩子连连挫败，他自己已感到非常失望，希望得到安慰，此时，父母不但不加以鼓励，反而一再数落他、讥笑他、贬抑他、小看他，这样只会使孩子更加失去信心、继续失败，一直到完全陷入绝望的境地中。

一些遭受父母嘲讽的孩子，长大后会变得畏首畏尾、胆怯、没有自信。另一个极端就是当孩子挫败时，却受到父母的嘲讽，便会对父母产生怨恨而耿耿于怀，由于害怕，故只能将对父母的轻视怀恨隐藏在心底,等到他长大后,往往会找机会加以报复。

习惯以讽刺的态度批评孩子的父母,是不可能获得孩子对他们的真心尊敬的。

项娇是个娇小的孩子,在同学们当中是个小妹妹。大家都想方设法地帮助她,迁就她。大伙都说,看到项娇的模样就忍不住要怜爱!

这天,项娇和伙伴们去郊外露营。项娇在征求妈妈的意见时,妈妈同意了。临走前,妈妈还嘱咐:"要和同学们相互照应,自己的事情自己完成,不要总让大家帮忙,这是锻炼你的时候。"项娇笑眯眯地回答道:"我知道了,我不会成为大伙的累赘的。"

来到郊外露营,项娇对大家宣布,不要帮助自己,她能自己把事情干好。可是话虽这样说,项娇还是没少让大家操心。她的行李大部分是由男生拿着,过草地时,项娇总是担心有蛇,总是要一个人紧紧地拽着她的手。项娇最害怕的是夜晚,她觉得郊外的夜晚很恐怖,一个晚上没有合眼,惊恐地睁着眼睛到天明。

经过一天的野外露营,项娇终于回到了家,妈妈看着她发黑的眼圈,询问道:"怎么就这么一天,眼睛就凹了下去,没睡好觉吗?"

项娇抱怨着:郊外的夜晚好可怕,都是猫头鹰的叫声,我根本不敢睡觉,所以……

妈妈问道："那其他同学也是这样吗？"

项娇摇摇头："不是呀，大家睡得可香了。"

妈妈笑了笑，说道："看吧，就你一个人是这样。你真是个胆小鬼！什么事情都害怕，唉！"

妈妈的话语让项娇感到很委屈，看来在同学们的心目中，我可能也是一个胆小鬼了。

妈妈的一句话，让项娇陷入了"我就是胆小鬼"的自卑中，她甚至认为同学们也认为她是胆小鬼了。

其实，造成孩子胆小怯懦的原因是多方面的，主要是环境与教育的影响。例如：父母过度地限制孩子的活动，不准孩子单独外出；父母过分地娇惯孩子，事事包办……归根到底还是父母教育的问题，不能责怪孩子胆小。若父母张口闭口"胆小鬼"，则会强化孩子的胆怯意识，使孩子越来越胆小。

父母想激励孩子，可以用称赞、鼓励、循循善诱的教育方法。千万不要说孩子的坏话，挖苦孩子的缺点，数落孩子的过失，更不要为孩子贴上标签。因为一旦贴上了，周围的人都认为他是一个无可救药的孩子，包括孩子自己在内。

西方教育专家不赞成责备孩子，更不主张把责备作为一种教育孩子的手段或方法。而在中国，许多父母对孩子总是责备多于赏识与鼓励。

有许多父母为纠正孩子的缺点，总是先情绪激昂没完没了地责备孩子。有的父母讲，最初他们是对孩子"因不责备就不改"而责备，后来因孩子"即使责备也不改"而苦恼，最后又因孩子"不可救药"而放弃不管了。

一味地责备,不用说孩子,就连大人也会失去信心的。这样下去,只能培养出因设法保护自己而产生反抗心理的孩子。

对孩子而言,无论是缺点还是优点,如同我们现在再也不能改变我们的过去一样,是既成事实的东西,无论如何是不能否认的。我们所能做的只有反省过去,从中吸取经验教训,以便重新沿着正确的方向努力。

讽刺,会伤害孩子的自尊;讥嘲,会打击孩子的信心。作为合格的父母,给予孩子的应该是赞赏,因为只有赞赏才能让孩子树立人生的自信;作为成功的家长,给予孩子的应该是鼓励,因为只有鼓励才会让孩子释放生命的潜能。

7.不要对孩子说要求过高的话

教育孩子是父母的天职,对孩子提出适当的要求有利于孩子的成长。然而父母过高的要求、过多的期待,甚至过严的苛求,却会对孩子的身心健康造成伤害。因此,父母应当用平常心看待孩子的成长,不要对孩子说要求过高的话。

吴敏和章梅是邻居,又是同班同学。章梅从小学到初中一直是班里的学习尖子,担任过学习委员,班长等。吴敏学习也很用功,但她因不如章梅头脑灵活,再加上学习方法上的不当,故成绩总在中游水平上徘徊。中考成绩下来了,章梅以优异的成绩被市重点中学录取,而吴敏只进入了一所一般的中学。吴敏的妈妈看到这样的结果。尽管本来心里就有点准备,但还是非常生气,觉得女儿没出息。有一天,母女俩为了一件小事而发生争执,妈妈控制不了自己心中的火,便恶狠狠地对吴敏说:"你这个不争气的东西,我怎么就没生一个像章梅那样的孩子?"

俗话说:"人比人,气死人。"家长自己都明白,鉴于各种因素影响,人之间是不可比的。但有的家长自己不和别人比,却常拿孩子去比。其实,这种对比,对孩子的成长是极其不利的。

如果孩子没有受到足够表扬,却老是被和别的同龄人相比,他便会感到受了"冷落",很长时间都会郁闷,会避开父母,甚至对家长产生对立情绪。

当孩子失败、失意的时候,父母不应拿别人和他做比较,这只会引起孩子的逆反,进而导致他的自卑,伤害了孩子脆弱的自尊,对孩子一点帮助都没有。

孩子在这个时候需要的是家长的体谅和安慰。一个微笑或是拍拍他的肩膀,都会让他重新振作起来。让孩子在挫折中坚强地站起来是我们每一位做家长的责任。

"你要是考不进市重点,我就抹脖子!"这是一位母亲在对女儿进行恐吓时说的话。结果,女儿拼命努力,终于如愿以偿地考进了重点中学,母亲以百般的宠爱善待她,因为女儿替娘争了光。

"你必须在全班考第一。"这时,母亲又提出了新的要求,女儿脸上的笑容慢慢地消失了,焦躁与不安爬上了她的眉宇。

不久,考试结果,她没有成为全班第一。母亲将女儿辱骂一通,又提出新的目标:"期末考试成绩要是达不到90分,我就抹脖子!"

母亲威胁的口吻还是那样坚决。第二天,无奈的女儿离家出走了。

一旦孩子功课不好,投入巨大的父母往往比孩子更伤心。一位下岗的父亲靠帮人家拉货挣钱养家,在醉酒后哭着对10岁的儿子说:"你爸爸这辈子没啥出息了,就是累死,也得把你培养出个样儿来。你就好好学,将来成个人,让我累死了也能闭眼吧!"

据一些家长说,天不怕,地不怕,就怕老师反映自己的孩子功课落后,这样的消息比股市暴跌还要让他们难过。

在高期望值的支配下,父母评判子女好坏的标准严重失衡,孩子教育成败多是以成绩好坏来衡量。"小孩成绩好,一'好'遮百丑。"

于是,父母对孩子的要求集中到一点——考试成绩。只要考试成绩好了,什么都好说;如果考试成绩不好,怎么都不行。在这种心态驱使下,家长们对学习好的孩子,极尽娇宠。每年寒暑假的第一个星期天，许多大型商场都会挤满一家三口的购物者。原因是孩子考试前家长往往许诺,考得好就给买高档玩具、衣物、电子产品等,他们是来兑现承诺的;而好些饭馆也因此赚得钵满盘满。当然一些成绩没有达到家长要求的孩子,是绝对享受不到这种待遇的,不仅如此,"你真蠢"、"没见过你这么傻的"此类咒骂劈头盖脸,整天不绝于耳,整个家庭被愁云悲雾笼罩着,失去了往日的欢笑和温馨。

殊不知,对孩子这样的过分要求,不仅对孩子的成长无益,反而恰恰会伤害孩子的身心,阻碍孩子的成长。

金健考进了一所重点大学。一次在同学聚会上,他非常感慨地诉说了这些年自己学习的压力。他说:"我现在真感觉像是一个解放了的囚徒。多年来,妈妈无止境地加码,压得我实在喘不过气来……每当我实现了妈妈的愿望,妈妈就高兴极了,此刻我就成了天上的星星;当我失败没达到妈妈的要求,我就成了地上的狗熊,无休止的奚落就会劈头盖脸地扑来……"

"多少年来,在我的心中只有第一,必须第一,无数个第一整天在追赶着我,我真是太累了……记得有个星期天妈妈出门,我做完作业和邻居家小乐玩了会球。这时妈妈回来了,她紧绷着脸说:'快去看书去,玩什么玩,以后考不上大学,你还有出息吗?'唉,今天总算解脱了。"

试想上述案例中的孩子一旦失利会怎样呢?
家长把进大学深造,看做是孩子的唯一出路,很自然孩子就会潜移默化地接受家长的思想,一心一意努力奋斗,为上大学而学。那么在竞争激烈强手如林的考生中,如果孩子一旦失利,没有迈进大学的校门,那他会有出路吗?他还会有希望吗?因为他把出路和希望都寄托在"一定"或"必须"上了,因而后果可想而知。

中考、高考失利自杀、出走的事例还少吗?这还不值得父母深思吗?

一是父母思维不要绝对。要让孩子多渠道思考问题,不要把人生的希望放在"必须"和"唯一"的赌注上,一旦失利,就无法承受,要从绝对化的思维方式中解放出来,像有的家长教育高考落榜的孩子"榜上无名,脚下有路"。就避开了:"必须"、"一定"等绝对信念的左右,取得了好的教育效果。

二是父母要针对孩子自身的特点和基础正确地引导孩子进步。只要孩子努力了,达到什么程度都欣然接受。千万不要用过高的企望来给孩子的心理加压,以免造成本不该发生的悲剧和遗憾。

一天,苏珊兴高采烈地拿着一张数学试卷跑回家。一进门,就喊:"妈妈,我今天数学得100分了。"

妈妈正在忙着洗菜,准备做饭。便说:"你没看见我正忙着吗?再说,有什么好看的,你早该得满分了,别的小朋友不是经常得100分吗?"

苏珊本来是想让妈妈夸奖自己一番,想和妈妈一起分享自己的快乐。没想到,妈妈的一瓢凉水泼得她一点儿兴致都没有了。

苏珊可能并不是一个在学习上十分聪明的孩子，但她对自己的学习很在意，把它作为自己生活的重要内容。她希望自己能够获得好成绩。她是那类在学习上努力、勤奋的孩子，她的自尊心很强。

对于这样一个孩子，苏珊妈妈的态度是不对的。

孩子对自己的认识和评价大多是依据他人对自己的评价而得来的。也就是说，在孩子尚未形成对自己的稳定的评价时，外界的批评或表扬，在很大程度上影响着孩子的情绪和行为。然而，许多父母却不愿把表扬、赞赏带给孩子。他们以为，只有"严厉"才会对孩子起作用。他们甚至可能把"严格"理解为态度生硬甚至对孩子进行责骂、训斥，把严格与鼓励、赞赏截然对立起来。他们没有认识到表扬、赞赏的独特魅力。

不要对孩子说要求过高的话，因为那样只会增加孩子的压力；不要对孩子说要求过高的话，因为那样只能损害孩子的身心。

以平常的心态对待孩子，就不会对孩子提出苛刻的要求；以客观的眼光看待孩子，就不会对孩子制定过高的目标。每个父母都应该明白：要求适当，才会有利于孩子身心健康；目标合理，才能够促进孩子成长成才。

做棵大树是对你的期望，做颗苗壮的小草，也尊重你。

著名的教育家陶行知先生早就告诫过父母们："不要让孩子成为人上人，不要让孩子成为人下人，也不要让孩子成为人外人,要让孩子成为人中人。""人中人"就是"平常人"。培养平常人就要有一颗平常心。

做父母的本应该有颗平常心,因为,生儿育女是最平常的事情。不要苛求孩子一定要拿第一,一定要比别人更优秀。

8.好孩子是"夸"出来的

对孩子的行为进行适度的赞美和赞赏,能让孩子保持一种好的心境和状态。未成年的孩子对自己的看法完全取决于周围人的评价,特别是父母的评价,哪怕是一句话,或者是一个眼神,都会对孩子产生终生的影响。

妈妈每次要带妮妮去奶奶家,妮妮就特别兴奋,她会以极快的速度收拾好一切,坐在车上等着妈妈。可是只要得知妈妈要带她去外婆家,妮妮的情绪就一落千丈。

原来妮妮在奶奶家和外婆家判若两人。

妮妮每次在奶奶家,都会得到奶奶的表扬,奶奶总是说:"这么好的小孩子真是少见,小小年纪就已经很懂礼貌了,每次吃东西的时候,她都知道分给爷爷奶奶。"

可是妮妮到了外婆家却是另一番景象。

一进门外婆就开始唠叨:"哪有你这样淘气的小女孩啊,

男孩子捣蛋还可以理解,女孩子也还整天搞恶作剧。"

这是什么原因呢?

奶奶总是夸妮妮,于是,听到表扬的孩子就会按照表扬的那些内容努力做事,所以越夸越好,因此在奶奶家,妮妮就是好孩子;而到了外婆家,却总是被训斥,则妮妮就会故意向着外婆训斥的那些内容发展,所以越骂越糟,因此在外婆家,妮妮就成了坏孩子。

正如一位教育家所说:孩子就是如此,你认为他是什么样的人,他就会成为什么样的人。你对孩子的评价是正面的,孩子就会朝正面去努力,你对孩子的评价是负面的,那么孩子就会朝负面去发展。所以,教育界才提出赏识教育的理念。作为父母,多多赞赏你的孩子,他就会按照你心目中的形象和标准来要求自己。多向孩子竖大拇指,多向孩子灌输他是好孩子、他是最棒的,那么他必然就按照你对他的这个评价来规范自己的言行。所以,多对孩子说一些鼓励赞赏的话吧!

在孩子的成长过程中,最重要的是培养他们的自信心。有了自信,就可以促使孩子克服困难,努力进取,获得积极快乐的人生。父母最大的错误,莫过于打击孩子的自信心,千万不要说"笨蛋""我看你没救了""把你的嘴闭上"之类的打击孩子的话。

李芳是三年级的班主任。上个学期,他们班转来一名女学生,同学们都喜欢叫她的小名萍萍。刚到班上的时候,由于萍萍的基础比较差,所以经常会说"老师,我不会"。刚开始的时候,李芳都觉得很正常。可是,几次下来,李芳发现萍萍已经把这当成了每节课的必有项目,而且越来越频繁。

李芳开始有意无意地观察她。对于一个刚开始学习画画的小女孩来说,萍萍已经画得相当不错了,可她每次都会对老师说"我不会"。老师很纳闷。不久后的一天,李芳找到了其中的原因。

李芳通过和萍萍聊天得知:萍萍的妈妈从来都不表扬她,从来都不会将她的画贴在家里的墙壁上。几天之后,当萍萍妈来接女儿回家的时候,老师找了个机会跟她聊了聊。

老师:您觉得萍萍现在画得好吗?

萍萍妈:不好。

老师:那么,您是因为觉得她画得不好,才让她继续画下去吗?

萍萍妈:我觉得她比以前画得好了,所以才让她画下去。

老师:您将这个原因告诉萍萍了吗?

萍萍妈:没有。告诉她,她会骄傲的!

老师:其实,我觉得适当地鼓励鼓励孩子是必要的。萍萍在绘画方面很有天赋,从她的年龄来看,已经画得很不错了。

萍萍妈:还行吧。

老师:萍萍的进步很大,我经常会在课上表扬她,但她好像更需要您的肯定。呵呵!

萍萍妈:好吧,我回去试试!

老师：希望我们的配合能让萍萍的进步更大，我相信会的。

萍萍妈：好的。

果不其然，在这之后，萍萍的情绪比以前好了很多。萍萍的进步很大，下笔也慢慢熟练起来。李芳还会一如既往地表扬她，而且时常还会对她翘起大拇指。

过了几天，萍萍妈跟老师说，那张画已经被妈妈贴在了家里的显眼处，家里的亲戚都看到了，萍萍很高兴。

对待成长中的孩子，要学会发现他们的特长和成功之处，并给予充分的肯定。萍萍并非个例，在现实生活中，相似的情况一定有很多。作为父母，在面对孩子的时候，千万不要吝啬我们的表扬，只有让孩子学得更开心，更有自信，他们的学习才会事半功倍！

不管是谁，不管多大年纪，都是希望听到别人的赞赏的。即使是成年人，也是希望得到别人赞赏的，何况是尚未成年的孩子？所以，当孩子正确地回答了你的问题，或者提出了一个好的创意时，你都要用愉悦人心的语气给予他真诚的赞赏。

不管是在生活中，还是在学习中，很多家长都喜欢拿自己的孩子和别人的孩子进行比较，而且，还经常会在别人的面前数落自己的孩子。"你看看人家，成绩多好。""你怎么就总赶不上。""你成绩要是有他一半就好了。"

其实，对孩子来说，是非常希望得到父母的赞赏的。作为父母，就不要吝啬自己对孩子的赞赏，尤其是对年龄小的孩子。很多父母经常会用成人的眼光去看待孩子的行为，认为没有几件事是值得赞赏的。其实，对于孩子来说，将一些"简单"的事情做好，已经是很不容易了。

良好的习惯和惊天动地的成绩就是由这些"简单"的行为累积成的！因此，只要有助于培养孩子良好的习惯，有助于增强孩子的自信心，父母就要慷慨地给予赞赏。孩子的年龄愈小，给予的赞赏就要愈多。